QUIERO UN CAMBIO

QUIERO UN CAMBIO

Principios para alcanzar tu máximo potencial

Bernardo Stamateas

GRUPO ZETA

Barcelona • Madrid • Bogotá • Buenos Aires • Caracas • México D.F. • Miami • Montevideo • Santiago de Chile

1.ª edición: diciembre 2013
1.ª reimpresión: diciembre 2013

Consell de Cent, 425-427 - 08009 Barcelona (España)
www.edicionesb.com

Printed in Spain
ISBN: 978-84-666-5375-6
Depósito legal: B. 23.119-2013

Impreso por LIBERDÚPLEX, S.L.
Ctra. BV 2249, km 7,4
Polígono Torrentfondo
08791 Sant Llorenç d'Hortons

A todos los que sueñan
un futuro mejor

ÍNDICE

AGRADECIMIENTOS

A toda mi familia, porque me enseñó el arte de soñar.
A Samuel, por su gestión.
A Laura y Karina, que ordenaron el material.
A Silvana, que sabe lo que quiero transmitir y me enseña cómo hacerlo.
A Mario Rolando, director de Ediciones B (Argentina), a su editora Diana Paris, y a Luisa Borovsky y Soledad di Luca por el cuidado en la edición de este libro.
A mi amigo Beto Casella, por escribir el genial prólogo.
A todos mis lectores, por su amor.

PRÓLOGO

Estaba seguro de que, tarde o temprano, Bernardo se iba a meter con este tema. La actitud del cambio, la transformación personal, la acción de reinventarnos a nosotros mismos, están presentes siempre en sus charlas. Stamateas sabe —porque me lo dijo, en una entrevista— que la mayoría de sus seguidores buscan algún tipo de cambio en sus vidas. Me parece atinadísimo, pues, que ahora dedique varias páginas seguidas al asunto.

A mi programa de radio llegan todos los días cientos de mensajes de texto y mails, muchísimos de los cuales contienen las preocupaciones cotidianas de la gente común. Si hubiera que hacer una especie de *ranking* con los conflictos más comunes que recibo, estos serían, entre otros:

- No estoy conforme con mi empleo. Ni con lo que me pagan, ni con la tarea que desempeño.
- Siento que no progreso, ni profesional ni económicamente.
- Creo que mi pareja no da para más...

- No sé cuál es la mejor forma de educar a mis hijos.
- Tengo problemas para relacionarme. Y eso me trae, a su vez, muchos otros problemas.
- Tengo que aprender a decir «no» con más frecuencia.
- Sé que tengo capacidad, pero no sé cómo comunicarlo.

Esos suelen ser, a simple vista, los conflictos más comunes de las personas adultas, incluso a partir de la adolescencia. Conflictos que, cuando se convierten en crónicos, desembocan invariablemente en una crisis, que suele llegar para quedarse mucho tiempo, y, a veces, para siempre.

Sea cual sea el conflicto que se arrastre de ese *ranking* (algunos pueden arrastrar más de uno, claro), todas esas personas tienen una característica en común: necesitan cambiar. Sienten que lo que hicieron hasta el momento sirvió de poco o no sirvió para nada. Creen que tomaron el camino equivocado y necesitan girar hacia otro lado, tomar algún atajo o circular en la dirección contraria.

Los publicistas —que son expertos en eso de influir en los demás— lo saben perfectamente y, en sus mensajes, lo suelen incorporar. *«Si quiere un cambio, vote a Fulanito»*, nos prometen en unas elecciones políticas. *«Cambie por la frescura»*, nos venden en una propaganda de gaseosa. *«Tenía el pelo reseco, hasta que me cambié a este champú»*, nos asegura una señorita que parece haber encontrado la felicidad en su nueva cabellera. Las compañías de créditos suelen ofrecernos dinero para cambiar el coche, la casa o el próximo lugar de vacaciones.

Ya lo sabemos: cambiar un diputado, la gaseosa preferida o el champú se puede hacer de la noche a la mañana, con absoluta facilidad. El gran cambio que tantos necesitan desesperadamente —esto es, cambiarse a uno mismo— suele ser mucho más complicado. Hay que entablar una durísima pelea contra nuestra propia educación, nuestro sistema de creencias, nuestros mandatos paternos, nuestro contexto social y cultural. Y si, haciendo un gran esfuerzo, podemos contra todo eso, nos esperan la culpa, el miedo, la posible reprobación de los otros, el vértigo de ese precipicio que siempre es lo desconocido. Porque, en efecto, cuando se cambia, generalmente no se sabe qué viene. Es incierto. Y eso da miedo.

En mi experiencia, no existe posibilidad de progreso (ni económico, ni profesional, ni espiritual), si no se advierte cuándo es el momento de patear el tablero, aunque eso signifique un riesgo. Incluso, aunque nos acompañe el éxito.

Estoy convencidísimo de que el que no cambia, no evoluciona. Y ya sabemos que el que no evoluciona, empieza perdiendo oportunidades, después pierde trabajos, amigos, parejas, hasta que terminan invitándolo cada vez menos a los cumpleaños. El que no cambia para evolucionar pierde, sobre todo, este tiempo de oro que nos regalaron, que es nuestro ciclo vital.

No hablamos, por supuesto, de aquel que cambia continuamente para que no cambie nada y entonces no dura en ningún empleo, tiene una novia por semana y hasta cambia de opinión con diferencia de horas.

Cuando alguien me dice, respecto de algún viejo amigo en común, que *«está igual, es el mismo de siempre»*, no lo tomo como una virtud. Más bien, lo compadezco. ¡Dios nos libre de ser los mismos a los veinte años que a los cuarenta!

En este sentido, suele ser inevitable mencionar el ejemplo de Los Beatles, quienes con cada nuevo álbum parecían haber inventado un nuevo género musical, desechando lo que habían hecho en el disco anterior. Esa actitud, además de una muestra de colosal inspiración, conllevaba el riesgo de que el público no aceptara lo nuevo ¡Y los muchachos lo asumían!

Y por supuesto que me permito parafrasear a aquel que dijo algo así como: *«Es una locura hacer siempre la misma cosa y esperar resultados diferentes.»*

Hace varios años, en un libro de programación neurolingüística de pocas páginas, escrito por el brasileño Lair Ribeiro, leí una idea que me quedó grabada. Este experto en PNL decía que la mayoría de las personas solemos movernos en un contexto que nos brinda cierta seguridad económica, laboral, afectiva y/o social. A ese contexto, el autor lo *llamaba «la zona de comodidad»*. Y aseguraba que *«si usted espera buenas noticias en su vida, estas ocurrirán fuera de la zona de comodidad»*. Es decir, nos propone saltar fuera de ese contexto más o menos seguro que elegimos que nos rodee. Salir de esa especie de «corralito» donde hay poco riesgo, pero donde tampoco se producen novedades.

Personalmente, siempre valoré a quienes eligen desafiar a lo que se supone que el destino eligió para ellos mismos; los artistas que se aburren de su propia obra y deciden dedicarse a otra cosa; los que se animan a renunciar ante ese jefe que no soportan hace años; los que pueden mirar a la cara a su pareja de toda la vida y decirles sinceramente que el desamor, las peleas constantes o simplemente la rutina, los está obligando a elegir caminos diferentes; los muchachos que cursaron Medicina porque así lo pretendía su padre médico, pero al final eligieron Filosofía y Letras, porque era su verdadera vocación; y hasta las mujeres que se meten en un quirófano, simplemente para cambiar el destino de una nariz heredada de la madre o una piel que empezó a arrugarse.

Vaya entonces, en este prólogo, mi caluroso reconocimiento a aquellos valientes que se animaron al cambio. ¡Y les fue bien! Y a algunas pruebas me remito...

- Si Da Vinci no hubiera cambiado, habría sido solo un matemático con pésima ortografía. Como mucho, un buen ingeniero. Pero, a estas alturas, absolutamente olvidado.
- Si nuestro querido Sandro no hubiera cambiado, se habría quedado para siempre con Los de Fuego y no habría compuesto «Penumbras», por ejemplo.
- Si Bill Clinton no hubiera cambiado, no habría pasado de ser un joven activista que fumaba marihuana a ser presidente de la nación más importante del mundo.
- Si Los Beatles no hubieran cambiado, habrían compuesto más cancioncitas como «Love me do» y no se les hubiera ocurrido «Sargent Pepper».

El mundo está lleno de héroes anónimos que consiguieron reinventarse a sí mismos y que no figuran en ninguna enciclopedia.

Cambiar es un gesto heroico, un acto de rebeldía, un grito de auxilio de quienes no se resignan a las cartas que les tocaron en el reparto de la vida y quieren barajar y dar de nuevo.

Ojalá quienes se asomen a este nuevo libro de Bernardo estén dando ese primer paso para cambiar. Para cambiarse.

BETO CASELLA

INTRODUCCIÓN

El único cambio que tenemos que hacer es crecer. Todo cambio es parte de la vida, es inevitable, por lo que debemos ser flexibles frente a ellos.

Un pequeño cambio que hagas traerá otros, más grandes, porque al hacerlo estarás liberando todo el potencial que está oculto en tu interior. Cada uno de ellos influirá en todo tu sistema de vida y de creencias, y activará los demás cambios que necesitarás poner en marcha para crecer y progresar en todas las áreas de tu vida. En 1963, Edward Lorenz descubrió el efecto mariposa. Se preguntó si los grandes efectos se debían a pequeñas causas, si el aleteo de una mariposa podía provocar un huracán, y descubrió así la Ley de Lorenz, que dice: «Todo es impredecible, un gran efecto puede venir de un acto pequeño.» ¿Cuál es la enseñanza? Que una sonrisa, un abrazo, una llamada, una palabra cariñosa, pueden ser el comienzo de un aleteo que traiga una tormenta de éxitos y de cambios que te acercarán a la meta y a ver el sueño cumplido.

Cuando ya nada te asombra, cuando todo te da lo

mismo, cuando ya no sonríes como antes, cuando dejas de sorprenderte, de amar, de soñar, tu vida necesita un cambio. No te conformes ni te consueles con saber que otros están peor que tú, busca la solución a tus problemas, a las crisis, a la falta de sueños. No aceptes más explicaciones ni justificaciones, ¡es tiempo de cambio!

¿Qué estás esperando que te pase?

¿Qué quieres de la vida?

¿Cómo será tu futuro?

Aprovecha todo lo que está al alcance de tus manos: fuerza, coraje, dominio de ti mismo, potencial, y, por encima de todo, ¡vida! No pongas más excusas, ahora es tiempo de soluciones, cambios y más cambios. Si algo no te funciona, si ya has probado cientos de veces y los resultados son los mismos, apuesta por el cambio. Un proverbio de la tribu Dakota dice: *«Cuando te das cuenta que estás montando un caballo muerto, lo mejor que puedes hacer es desmontar.»*

Si hasta hoy no has tenido los resultados que esperabas, aplica el cambio, nuevas estrategias. Ya no es el momento de preguntarnos el porqué del fracaso, sino qué hacer de aquí en adelante para resolver el problema y hacer lo que sí funciona. Ya no es el momento de hablar del problema, sino de los cambios pertinentes que nos acercarán a las soluciones y que nos permitirán comprobar que los sueños no son solo sueños, sino esperanzas, promesas y verdades que podemos convertir en realidad.

Todo nace con un sueño, y, sin él, no existe. En este libro, es mi deseo que puedas encontrar pautas claras y sencillas, estrategias que te permitan seguir creciendo, salir del conformismo y de la mediocridad para alcanzar todo aquello que estás esperando.

Es tiempo de un cambio, en todas las áreas de nuestra vida. Anímate a llevarlo al plano real, a la práctica. Encuentra una nueva manera de hacer las cosas y verás que durante ese proceso habrás madurado y te habrás conocido a ti mismo. No cambies pensando que el otro cambiará, tú serás quien se beneficie con el cambio.

Apuesta por el cambio, porque para el que cree todo es posible. Nos vemos en la cima.

BERNARDO STAMATEAS
www.stamateas.com

1

ACTÍVATE CON PASIÓN UN POCO MÁS

1. VIDA CON PROPÓSITO

Si quieres tener éxito en la vida debes ser apasionado; hazlo todo con pasión.

Las personas exitosas realizan sus proyectos con pasión, sea cual sea la meta que tengan en mente. La gente apasionada no renuncia ante el primer impedimento ni ante el segundo ni ante el tercero, sigue y sigue buscando el objetivo.

He leído que, en los Alpes Suizos, cuando los turistas salen a escalar, a mitad de camino hay un hotel de cinco estrellas; en ese hotel toman chocolate caliente ante un fuego de leña; hay juegos y pasan allí un momento de comodidad al abrigo del frío. La mitad de la gente que ha comenzado la excursión decide quedarse en ese lugar y no seguir escalando. Pero al cabo de seis horas, cuando el grupo que ha se-

El hombre que no ha amado apasionadamente ignora la mitad más bella de la vida.

Stendhal

guido al guía llega a la cima de los Alpes, hacen sonar una campana, y toda la gente que había quedado a mitad de camino en el hotel mira por la ventana y, automáticamente, lo que era una fiesta termina siendo un motivo de amargura al ver que sus compañeros han coronado la cima.

La comodidad y el conformismo son enemigos de la pasión, del crecimiento, de los sueños. Solo la gente que sabe romper con la comodidad, la que siempre está dispuesta a ir a por más, la que corre riesgos, la gente que pide, la gente que reclama lo que es suyo, la gente que pelea por su sueño, es gente apasionada, gente que sí o sí llegará al objetivo deseado.

El corredor de Fórmula 1 Juan Manuel Fangio decía que el secreto de su éxito era que, cuando los demás chocaban, bajaban la velocidad, pero él iba más rápido, porque la energía trae más energía.

¡Hazlo todo con pasión! Si no lo hacemos con pasión, llegará un momento en que todo nos dará igual y el aburrimiento consumirá nuestra vida. Muchas personas no aprovechan sus días, los años pasan y no logran nada. Si no tienes una meta, un deseo, un sueño por el cual luchar con ganas cada día, llegarás a una meseta, y lo que al comienzo te entusiasmó, terminará siendo rutinario. Es por eso que a cada paso que damos debemos añadirle la pasión, y, aún más, necesitamos innovar.

Innovar significa agregar el factor sorpresa,
¡hacer algo nuevo!

También en la propia relación de pareja debemos innovar. Muchas veces la relación se vuelve aburrida, porque no hay innovación. Incluso hasta se discute una y otra vez por los mismos comentarios y siempre se llega a las mismas conclusiones.

Llena tu agenda de actividades para tener experiencias nuevas y crecer. Aunque sean pequeñas, necesitamos implementar modificaciones en todo lo que hacemos para no aburrirnos.

El desánimo no se presenta porque lo que hacemos es malo, sino porque todo llega a una meseta.

No somos más felices porque no practicamos más lo que nos hace feliz.

¿Qué es lo que te hace feliz? ¿Qué te llena de pasión? Agrégalo a tu agenda y no esperes a mañana, comienza a hacer lo que alegra tu corazón. Si hago lo que me hace feliz, volveré a sentir alegría en todo lo que haga. Cuando en todo lo que hagas esté tu corazón, añadirás pasión a tu vida. Martin Luther King dijo: «Si no has descubierto nada por lo que valga la pena morir, es que no estás preparado para vivir.»

Nada grande se ha hecho en el mundo sin una gran pasión.

Georg Wilhelm Friedrich Hegel

2. ALINÉATE CON TU PASIÓN

Pregúntate: ¿He soñado lo suficiente? ¿He vivido plenamente? ¿He amado bien? Eso es disfrutar. Apasiónate por tus objetivos, por tus logros, y, cuando llegues a ellos, ¡disfrútalos! Cambia la vieja mentalidad por otra que te llene de pasión.

Comienza a disfrutar todo lo que está en tus manos, todo lo que posees. Si has podido comprarte un perfume o ropa cara, no esperes una ocasión especial para usarlos, prémiate cada día con ellos, no los guardes, disfrútalos hoy. El sentimiento de culpa nos dice: «Lo guardo para una ocasión especial», pero el don de disfrutar replica: «Esta ocasión es especial.»

Haz de cada ocasión algo especial y no guardes nada para mañana. Usa la mejor ropa para estar en tu casa porque te ha sido dada para disfrutar. No permitas que te hagan sentir culpable por usar lo que te pertenece; si está en tus manos, es para que lo disfrutes cuando quieras.

El don de disfrutar no es algo que se encuentra, sino que se lleva dentro. Hay personas que permanentemente están buscando: «¿Dónde está el hombre que me hará feliz?», «Salió el sol, ¡qué alegría!», «Está nublado, ¡qué tristeza!».

Haz de cada momento algo especial. Libera la alegría que hay en tu interior, ya que no es algo que se encuentra fuera sino que está en ti, y necesitas aprender a soltarla. Nadie ni nada te dominará cuando liberes la capacidad de disfrutar allí donde vayas.

> El propósito de la vida es vivirla, disfrutar de la experiencia al extremo, extender la mano con impaciencia y sin miedo a vivir experiencias más nuevas y más enriquecedoras.
>
> Eleanor Roosevelt

Alegría no es tener una casa grande o pequeña, sino que si eres una persona apasionada, tu pasión y tu alegría cambiarán la atmósfera de los ambientes. Salomón dijo: «Mejor es la comida de legumbres donde hay amor, que buey engordado donde hay odio.» Es decir, es mejor comer un sándwich en un puesto de comida ambulante que el mejor caviar rodeado de envidia y discordia.

Comienza a disfrutar de ti mismo. «Si no soy capaz de disfrutar de mí mismo, no podré disfrutar del resto.» Tú eres el protagonista de tu propia vida, tu vida la haces tú cada día. Seamos amigos de nosotros mismos. Nadie más que tú debe tener fe en ti mismo para alcanzar tus objetivos, tus proyectos. Amarse y respetarse es darse el lugar de importancia que uno se merece.

Sigue los deseos de tu corazón. ¿Tienes ganas de viajar?, hazlo. ¿Quieres comprarte ropa?, cómpratela. De nada sirve trabajar o estudiar y no poder disfrutar de lo que hemos alcanzado.

Aprende a ser sabio, a distinguir cuándo hablar y cuándo callar. Todo lo que tienes es para ti, no necesitas demostrar a los demás lo que has sido capaz de alcanzar. Solo el que sabe disfrutar, el que sabe ser apasionado, puede disfrutar de la victoria, de los logros, del éxito. Sé apasionado, busca más en todas las áreas de tu vida, con tu pareja, con tus hijos, con tu Creador. Vive la vida con intensidad.

Corre la carrera con pasión. La carrera no es de velocidad; la carrera dura toda la vida. Y, mientras la corras, lleva una antorcha en la mano, pues de nada servirá terminar la carrera sin fuego. Sé un apasionado de la vida, de tus hijos, de tu familia, de tu trabajo, de tu empresa. Sé un apasionado de tu fe, de tus principios.

¿Qué es lo que aún no has desarrollado? ¿Qué te apasiona hacer? ¿Tienes claras cuáles son tus pasiones?

Mis pasiones configuran mi vida. Tú tienes que seguir las pasiones de tu corazón. Las dos preguntas más importantes que existen son: quién soy y qué amo. Mis pasiones diseñan mi vida; mis pasiones son mi manera de vivir. ¿Qué es lo que te apasiona? ¿Tienes claro cuáles son tus pasiones? ¿Qué cosas te apasionan, te entusiasman? William Barclay, un conocido teólogo, dijo que hay dos días extraordinarios en la vida del hombre: cuando nacemos y cuando descubrimos por qué, y eso es la pasión. La gente que no sigue sus pasiones tiene una vida mediocre, una vida a medias, pero tú tienes un potencial dentro de ti y la capacidad necesaria para ser una persona apasionada. La gente feliz está alineada con sus pasiones.

Cuando sabes cuáles son tus pasiones —cuando sabes el *qué*—, siempre vendrá el *cómo*. Recuerda: «Si sé el *qué*, también vendrá el *cómo*.»

¿Qué es el *qué*? Lo que quiero lograr, mis proyectos. Y si yo sé *qué son mis pasiones*, vendrá el *cómo voy a alcanzarlas*. Nunca pienses: «¿Cómo lo haré para alcanzar mi meta?», solo comienza por reconocer lo que llena tu vida de energía, de entusiasmo, de felicidad.

«Si sigo mis pasiones, viviré una vida con sentido, con propósito.» Solo las pasiones me harán brillar.

¿Quieres brillar? Sigue todo aquello que te gusta hacer. Viajar, jugar al fútbol, comer sano, hacer dinero, tener una empresa... Pasiones.

Conecta con tus pasiones, alinéate con ellas. Tu diseño de vida estará en proporción a la conexión que tengas con tus pasiones.

En una investigación sobre personas a las que el éxito las había seguido durante más de cincuenta años, se descubrió que en todos estos casos hubo un factor determinante: «Todos ellos estaban alineados con sus pasiones, con lo que amaban hacer, con aquello que les hacía olvidar el reloj.»

Tus pasiones están escondidas en tu corazón. Este es el ahora, este es tu tiempo, sé un hombre apasionado, una mujer apasionada, no te rindas antes de llegar a tu objetivo. Con pasión, fuerzas y garras llegarás, sí o sí, a ver tu sueño cumplido.

2

ALIMENTA TU MOTIVACIÓN

1. YO SÉ QUE PUEDO

Lo importante no es caerse, sino la rapidez con que somos capaces de levantarnos. La rapidez con que te levantas es tu motivación.

Lo más poderoso que una persona puede hacer para alcanzar sus sueños es cuidar su pasión, es estar motivado a alcanzar todo lo que se ha propuesto. Sin embargo, es notable la gran cantidad de personas que a diario expresan que están desanimadas, que no tienen sueños, que no sienten el deseo ni la motivación para poder alcanzar sus metas. La palabra desánimo significa «no tener ánimo», «estar aburrido», «cansado», «sin voluntad».

Una persona desanimada siempre abandona el proyecto que está en su corazón. No hay nada más destructivo que el desánimo, tanto si se manifiesta en un sueño como en todas las áreas de la vida de la persona.

Cuando una persona espera las cosas buenas, siempre está motivado. Estar motivado es saber que se llegará a

> **La motivación nos impulsa a comenzar y el hábito nos permite continuar.**
>
> **Jim Ryum**

todo, a pesar de las circunstancias y de todo lo que se tenga que atravesar. *La motivación nos lleva a expandirnos.*

Una persona motivada no se detiene en medio de la crisis porque está segura de que llegará a la meta. Una persona motivada cree siempre en su sueño, en la primera imagen que tuvo de sí mismo dentro de su sueño, en la primera palabra que habló para su destino. Sabe que después de la crisis viene algo bueno y eso le motiva a seguir a por más.

Una persona motivada aprende a dormir y a conectar su cuerpo con el descanso, sabe esperar y levantarse nuevamente. La motivación es el empuje, es la fuerza que necesitamos para actuar, es alegría, es coraje.

Una de las mayores habilidades que tenemos los seres humanos es la capacidad de estar motivados incluso en medio de las dificultades. Estar motivados internamente es tener fuerzas y pasión para seguir siempre adelante.

Pero sucede que muchos necesitamos de una motivación externa, de ese permiso exterior para hacer lo que realmente queremos hacer. Pensamos: «Si estoy motivado, estoy autorizado a hacerlo», y, sin darnos cuenta, hemos confundido «motivación» con «autorización». Muchas personas buscan fuera de ellos el permiso y la motivación necesaria que necesitan para emprender su sueño.

El hecho es que han perdido el fuego interno, la capacidad de motivarse a sí mismos, y esperan encontrar fuera de ellos lo que nos motive para poder iniciarnos en la acción. Por eso, cuando la motivación externa no se da, se produce una frustración que manifestamos con resignación dando explicaciones como «Y... no era mi momento», «No era para mí», «A saber de qué me salvé».

Como nuestra motivación interna no es suficiente y la del exterior no llega, la persona decide abandonar el proyecto.

Por eso, en la actualidad, muchas personas pagan grandes sumas de dinero por escuchar una palabra de motivación, de ánimo, de fuerza y de afirmación.

Toda la actividad humana está motivada por el deseo o el impulso.

Bertrand Russell

Jan Weich, el presidente de General Motors, una de las empresas más importantes del mundo, en una ocasión recibió la visita de un joven que le dijo: «Necesito que me dé un consejo; soy un joven empresario.» Weich respondió: «¡Muy bien, vamos a charlar!»

Ambos comenzaron a caminar por Wall Street, pero, apenas llegaron a la esquina, el empresario le preguntó al joven:

—¿Cómo se llama usted?

—Juan...

—¿Está casado?

—Sí.

—Que le vaya muy bien.

—¡No, espere! Yo he venido para que usted me dé un consejo.

Weich lo miró y se limitó a responder:

—Ya le he ayudado: la gente le ha visto caminar conmigo y eso es suficiente para que empiecen a prestarle atención.

Cuando seas capaz de motivar al que está a tu lado, serás un hombre o una mujer de inspiración. La persona que está motivada internamente será capaz de levantar y de motivar al que está a su lado.

Afirmar es dar firmeza, asegurar, consolidar, establecer, creer en la capacidad de la persona a la cual estoy validando y motivando.

Y todo ello:

- ***Resaltando lo mejor del otro.*** Todos tenemos cosas positivas y negativas, solo tienes que elegir con qué parte te vas a conectar. Para motivar siempre debemos enfocarnos en lo positivo del otro. Lo importante es hacerle recordar todo lo que ha logrado, lo que ha alcanzado.

- ***Escuchando.*** Si hablamos, no podremos escuchar. Para poder ser un motivador, hay que permitir que el otro ya no se interese por ti, sino todo lo contrario. Ser escuchado intensamente hace que una persona se sienta especial y apreciada.
  - Churchill decía: «Se necesita coraje para ponerse en pie y hablar, pero mucho más para sentarse y escuchar.»
  - Stephen Covey, uno de los mayores exponentes del liderazgo, ha dicho: «Trata a tus empleados como quieres que ellos traten a tus clientes, y lo harán cuando no estés presente.»
  - Daniel Goleman, el gran maestro de la inteligencia emocional, ha manifestado: «El saber escuchar es una de las principales habilidades de las personas con alto nivel de inteligencia emocional.»

Tenemos que aprender a escuchar, a hablar de lo que a la gente le interese, a hacer preguntas, a estimular al otro.

El presidente de Estados Unidos Franklin Roosevelt sospechaba que en las recepciones oficiales no escuchaban lo que él decía al saludar a los invitados. Un día decidió hacer un experimento: en una recepción oficial, al saludar a la familia de embajadores y diplomáticos, les dijo «Hoy maté a mi suegra»; los invitados contestaban: «Oh, maravilloso, siga adelante con su buena labor», «Estamos muy orgullosos de usted», «Que Dios lo bendiga y lo proteja».

Casi al terminar la fila de los saludos, le tocó saludar al embajador de Bolivia, y le dijo lo mismo: «Hoy maté a mi suegra.» El embajador boliviano, muy diplomáticamente, le contestó: «Estoy seguro de que se lo merecía.»

- ***Soltando pasión.*** Si quieres motivar al otro, tienes que hacerlo con pasión. Hazlo con ganas.

- ***Corrigiendo con amor.*** A nadie le gusta ser corregido, pero la corrección libera el potencial. Fieles son las heridas del que ama. «El padre sabio corrige al hijo.»

- ***Desafiando a todo.*** En una ocasión, un joven se acercó a un violinista muy famoso y le dijo: «Daría la vida por tocar como usted.» A lo que el músico contestó: «¿Y usted qué cree que hice yo?»

Pero una vez que estemos seguros y validados, comencemos a motivarnos internamente, reemplacemos la motivación externa por la interna. Al estar motivados internamente, nuestra brújula interior nos guiará de manera adecuada.

Estar motivados internamente es saber qué es lo que quiero alcanzar y moverme entonces para alcanzarlo.

Motivación interna es sintonizar con lo que quieres, tu propósito, tu vida. Cada vez que avances, felicítate. Conéctate con tu sueño. Conectado con tu sueño, será mucho más fácil sortear los obstáculos; el desánimo vendrá, pero, cuando llegue, tu motivación interna lo superará.

Cuando, a pesar de las circunstancias externas, la motivación nace desde tu interior, sin depender de la opinión de los demás, cuando la queja ya no tiene lugar en tus emociones, cuando eres capaz de dejar el pasado atrás para seguir avanzando, nada te moverá de lo que has determinado hacer. Cada mañana incentívate ante todo lo que te propusiste cumplir, dale importancia. Pon pasión, fuerza y fuego.

Sin motivación íbamos hacia atrás, pero ahora vamos hacia delante, ahora sabes que llegarás o llegarás. Encárgate tú mismo de darle un golpe al desánimo. *Las personas motivadas hablan de hacia dónde van.*

No hables de dónde vienes, no hables lo que te pasó. Habla de hacia dónde vas, habla de tu meta. No hables solo delante de la gente, habla para ti.

Dibuja ese otro lado hacia el que vas; cuando lo hagas, la motivación interna te hará mover montañas.

3

CRECE TODOS LOS DÍAS

1. IR POR MÁS

El niño únicamente quiere que le den lo que pide, el adulto hace crecer lo que tiene. El niño solo se divierte, el adulto conquista. Todo lo que alcances dependerá en proporción directa de lo que estés dispuesto a crecer.

El niño espera recibir, pero el adulto necesita crecer. El autor del libro *Hechos de los Apóstoles* dijo: «Cuando era niño hablaba y pensaba como niño, cuando dejé de ser niño pensé como adulto.» El adulto puede dominar, conquistar y pelear.

> **Si tú llamas «experiencias» a tus dificultades y recuerdas que cada experiencia te ayuda a madurar, vas a crecer vigoroso y feliz, no importa cuán adversas parezcan las circunstancias.**
>
> **Henry Miller**

A un hombre muy rico le preguntaron cuál era el secreto para triunfar y respondió: «La gente exitosa que conozco es decidida, ejecutiva, no piensa cuarenta horas en lo que va a hacer sino que analiza y toma decisiones.» Hay un determinado momento, durante el proceso del crecimiento, en que necesitaremos madurar y decidirnos a crecer.

«Cuando deje de buscar que me cuiden, me cuidaré.
Cuando deje de buscar que me lo den todo, produciré.
Cuando deje de buscar a alguien que falla, triunfaré.»

Los grandes ajedrecistas, antes de mover las piezas, estudian siete jugadas hacia delante, dado que ellos tienen que preparar las distintas alternativas de movimientos que harán. Lo mismo sucede en nuestra vida. Si queremos crecer y ser una persona capaz de marcar la diferencia, tenemos que superarnos día a día, superar nuestro techo, nuestros límites, mejorar, tomar nota, repasar, unir las palabras, escuchar un CD de la materia que nos interese una y otra vez... Si no creces, nada a tu alrededor crecerá. Necesitamos crecer mucho más que el sueño que tenemos, ya que, si no, ese mismo sueño nos aplastará, dado que no sabremos administrarlo. Si tu empresa crece más que tu interior, la empresa terminará por destruir al creador.

Un hombre de carácter podrá ser derrotado, pero jamás destruido.

Ernest Hemingway

Necesitamos crecer en inteligencia y en carácter. Muchas personas han desarrollado una gran inteligencia que les permite alcanzar el objetivo y, sin embargo, cuando llegan a la meta, no tienen carácter para disfrutarla. Mientras que otros tienen un gran carácter, pero nunca llegan al objetivo por falta de inteligencia y de estrategias. Por eso, urge *«desarrollar el carácter y la inteligencia»*, para que, cuando lleguemos, podamos disfrutar del éxito.

En una ocasión, leí que un águila se había dispuesto a

comer un pez que había visto en el agua. Voló miles de metros y, cuando atrapó a su presa con las garras, el pez era tan pesado que el ave no pudo levantar vuelo ni soltar su presa. Finalmente, el águila murió ahogada.

Es por esto por lo que debemos crecer mucho más que nuestro sueño, de lo contrario no podremos estar en él y disfrutarlo. Crezcamos en inteligencia y en carácter. Las ganas de crecer y de superarte cada día tienen que ser tu primer deseo.

2. CRECER ES LA PRIORIDAD

Al cabo de un año de crear un producto, este se mejora un 25 por ciento, con lo cual, si yo estoy cuatro años sin crecer, quedo totalmente desinformado de todo lo nuevo que hay en el mercado y, por ende, del sistema.

El pastor norteamericano Thomas D. Jakes dijo: «Júntate con gente que te haga sentir tonto, con gente que tenga tanto crecimiento, tantas ganas, que tú a su lado te sientas un tonto.»

La «educabilidad» es el hecho de aprender, especialmente cuando las cosas marchan bien. Muchas personas aprenden cuando todo marcha bien, pero hay quienes también tienen la capacidad de aprender cuando las cosas van mal. Es lo que conocemos como «correctibilidad». Hay gente que se educa continuamente, pero que no se corrige; hay personas que aprenden cuando la situación es buena, pero cuando las cosas salen mal no se dejan corregir.

Una persona que crece es una persona que se deja enseñar en los momentos buenos y en los momentos difíciles se deja corregir.

> Ante las decisiones, el débil tiembla, el tonto las desafía, el sabio las juzga y el hábil las dirige.
>
> Anónimo

Cuando tú creces, tomas cada vez decisiones mejores, ya no decides entre lo bueno y lo malo, sino entre lo valioso y lo muy valioso, entre lo excelente y lo mejor. Cuanto más crezcamos, mejores decisiones tomaremos.

El jugador de baloncesto Michael Jordan dijo: «Visualicé dónde quería ir, qué tipo de jugador quería ser, y, cuando supe con exactitud dónde llegar, me concentré en conseguirlo y lo logré.»

Si algo ha de suceder en tu vida, es por ti mismo.

Aprende a mirar lo que te falta y pelea por lo que te corresponde. Van Gogh dijo: «El objeto toma forma en mi mente antes de empezar a pintar.» Si no satisfaces tus necesidades, nadie lo hará por ti, son tuyas y te pertenecen.

Valídate, felicítate en cada paso, en cada proceso que atravieses, y, en el que hayas crecido, date un premio.

Cuando una persona está en paz consigo mismo, tiene la mejor familia, los mejores hijos, los mejores amigos, el mejor trabajo, las mejores oportunidades.

Uno atrae de acuerdo a lo que uno es. Si te invalidas, atraerás a los que están esperando subestimarte, pero si te valoras y sabes quién eres, lo mejor será tu herencia.

Charles Chaplin era pobre y huérfano. Stephen Spielberg era tan tímido que todos se burlaban de él. Soichiro Honda, el genio japonés, estaba tan enfermo que a causa de su dolencia inventó poderosas máquinas: las motos.

No hay nada que pueda frenar el potencial que mora

dentro de ti, ni siquiera el techo con el que en algún recodo de tu trayectoria te encontrarás. En un determinado momento de nuestro crecimiento chocaremos con un límite: este es el techo que deberás romper.

Según la Ley de Peters: «*Todo ser humano es capaz hasta que alcanza su nivel de incompetencia.*»

Es decir, llegamos a un nivel tal que a partir de allí ya no sabemos cómo seguir creciendo y las cosas ya nos salen con excelencia. En este punto, debemos tener la humildad para que el techo al que llegamos pase a ser el suelo de nuestro próximo nivel. El problema es que muchas veces no nos damos cuenta de que no sabemos y seguimos haciendo las cosas de la misma forma. Tener un techo no siempre es malo, ya que puede ser un puente para alcanzar un nuevo nivel. Solo necesitamos ponernos de pie encima de él para comenzar a construir otra vez.

La única posibilidad de descubrir los límites de lo posible es aventurarse un poco más allá de ellos, hacia lo imposible.

Arthur C. Clarke

El techo representa un límite, aquello que nos frena, el final de una etapa. En todas las áreas siempre habrá un techo al que llegaremos, ya sea intelectual, económico o emocional. Siempre nos introduciremos en una meseta. En todo recorrido hay un techo y no es un castigo ni una puerta, es un límite al que inevitablemente vamos a llegar. Todo crece, pero llega un momento en que, en apariencia, ya no hay más por hacer; sin embargo, allí mismo, detrás de ese límite, de ese techo, hay un largo camino, todavía queda mucho más por hacer. Solo que ahora, para seguir creciendo, deberás romper ese techo.

¿En cuántas oportunidades te has sentido estancado,

atravesando una etapa que te impide avanzar más en una determinada área? Eso es normal, lo importante es que rompas el techo, porque detrás de él te espera un desafío mucho mayor.

John Maxwell dijo: «Hay personas que pelean por un *souvenir*, aquello que se regala en un evento; otras personas pelean por un trofeo, lo que se regala en un campeonato; pero hay otras personas que pelean por un legado, esto es lo que se deja a las próximas generaciones.»

El gran secreto de los ganadores es que están encima de las cosas.

Todo lo que crece es por haber «estado encima», es decir, dedicándonos a ello. Aquello sobre lo que no estoy encima tiende a morirse. Muchas de las cosas que se han desgastado, que hemos perdido, ya sea relaciones afectivas, amigos, trabajos o carreras, las hemos perdido por no estar encima de ellas. Los sueños importantes se logran persiguiéndolos, cuidándolos. Todo lo que yo mime y vigile crecerá liberando su potencial. Cuando ayudas a otro a ser la mejor versión de sí mismo, estás ayudándole a liberar su potencial.

«Estar encima» es saberlo todo de mi gente,
de mi sueño; dónde, cómo y cuándo.
Todo lo que no cuides y vigiles tenderá a morir;
todo aquello de lo que te preocupes tendrá vida.

Quienes son jefes, padres, deben ocuparse de «todo», de los proyectos, de la gente. Al principio la gente pensará que solo quieres perseguirla, pero cuando haya crecido, reconocerá en ti a una persona que la ha ayudado a crecer para que pueda liberar su mejor potencial.

- «Estar encima» es estar comunicado cada día.
- Una pareja que no se está encima, con el tiempo se va fraccionando, quebrando.
- La persona que tiene un equipo de líderes, de gente de trabajo, de empleados, si no se comunica a diario con ellos, de manera permanente, tarde o temprano se debilitará.
- «Estar encima» de nuestros hijos significa hablar todos los días con ellos sobre dónde, cómo, cuándo, con quién han estado, qué han hecho y qué no, etc.

Aprendamos a establecer una comunicación frecuente, continua, rápida. «Estar encima» no significa asfixiar a la gente, ni molestar, ni regañar, sino enterarnos de lo que está sucediendo.

Lo más importante de la comunicación es escuchar lo que no se dice.

Peter Drucker

3. ROMPE TU PROPIO RÉCORD

La velocidad máxima de un coche es de 220 kilómetros por hora, ese es el límite del coche. Tal vez alguien te puso un límite, alguien te dijo hasta dónde podías llegar. Pero hoy, en un proceso de continuo crecimiento, tienes que romper tu velocímetro mental; aquel que te invalidó fue el que creó tu velocímetro mental, el que lo graduó y te dijo: «Hasta aquí puedes llegar; más de aquí, no.»

Hoy ya no dependes de nadie, ya has crecido y lo seguirás haciendo porque tienes capacidad de ir cada día por más. No hay imposibles para los que creen en sus sueños y están centrados en ellos.

Tiempo atrás, nadie podía correr una milla en menos de cuatro minutos. Todos los expertos decían que un corredor no podía correr una milla en menos de cuatro minutos, hasta que el atleta Roger Bannister lo hizo, rompió el «techo», estableció un nuevo récord, un nuevo tope en el velocímetro. A partir de entonces, y en los diez años posteriores, trescientos treinta y seis corredores superaron también el récord mundial.

Cuando una persona rompe un récord, no solo lo hace para su vida sino para los que vienen detrás.

No seré el mejor, pero seré el mejor que pueda ser.

Tal vez no seas el mejor padre, pero serás el mejor padre que puedas ser. No estamos llamados a ser los mejores de todos, sino a ser lo mejor que podamos ser.

Aprende a validarte y sigue creciendo día a día.

Crece hasta la altura máxima que te permita disfrutar del premio.

La gente que se supera y crece no será expulsada de ningún ámbito y podrá reclamar lo que le pertenece. De esta forma, todo aquello que ha invertido en su crecimiento volverá a su vida, con creces.

Una mujer que estaba caminando encontró a Picasso y le preguntó:

—¿Podría hacerme un dibujo?

Y Picasso le hizo un dibujo en tres minutos, se lo dio y le dijo:

—Cinco mil francos.

—¿Cómo cinco mil francos?, si ha tardado solo tres minutos.

—No, señora, no he tardado tres minutos, he tardado toda mi vida.

4

GENERA NUEVAS IDEAS

1. El poder de una idea

El regalo más grande que puedes tener es una idea. Las ideas lo controlan todo: la moda, las zapatillas, las marcas. Las ideas son más poderosas que la propia persona, porque a ellas no se las puede matar. La educación es una colección de ideas.

Una idea únicamente se puede matar con otra idea; se puede matar a la persona, pero las ideas permanecen. A veces se necesita hasta una generación de cuarenta años para cambiar una idea. Al mundo no lo mueve el dinero, lo mueven las ideas brillantes, ellas son las que producen el movimiento.

Una idea puede abrirte puertas, traer dinero y promocionarte a un nuevo nivel. Todo lo que necesitamos son buenas ideas.

¿Qué necesitamos para resolver los problemas?, ¿qué necesitamos para multiplicar y hacer crecer todo lo que tenemos?, ¿qué necesitamos para ganar y recuperar dinero? *Buenas ideas.*

> Una película de éxito es aquella que consigue llevar a cabo una idea original.
>
> Woody Allen

Las ideas nos pueden ayudar a resolver un problema, a multiplicar lo bueno; pero, así como pueden hacernos crecer, una mala idea puede enfermarte y hacerte perder todo lo que habías logrado. Por eso, lo que necesitamos son buenas ideas.

2. GESTANDO UNA IDEA

Todo nace a partir de buenas ideas. Las personas tenemos dos mil ideas por día en la cabeza; solo necesitamos que algunas de ellas sean muy buenas ideas para que nos vaya bien, tanto financiera como emocionalmente. Entonces, la pregunta que debemos hacernos es: ¿De dónde vienen las buenas ideas?

Veamos:

- ***De otras personas:*** podemos copiar las buenas ideas que provienen de los otros. Copiemos solo lo bueno; las buenas ideas de la gente correcta. Observemos y registremos para poner en funcionamiento lo que a otros les produjo éxito y crecimiento.
- ***De una siembra:*** existen personas que te darán y pondrán a tu disposición ideas de oro; sembrarán en ti esas ideas. Cada vez que ayudas a otro a acercarse a su sueño, a su meta, es muy probable que esa persona te trate bien, te abra una puerta y te dé una idea que te acerque al cumplimiento de tu sueño y tu propósito.
- ***De ser una conexión de oro para los demás:*** ayudar y

servir de conexión a otro hará que, en gratitud, seas recompensado con esa idea que necesitabas para darte el empujón y así poder avanzar.
- ***Simplemente vienen:*** permanezcamos atentos todos los días, tengamos cerca papel y lápiz. Se ha descubierto que, cuanto más nos reímos, más buenas ideas tenemos... ¡tenemos que reír más! La mejor manera de ayudar a alguien a resolver un problema es contarle un buen chiste; cuando la persona se ríe, se relaja, y a partir de allí empieza a activar el hemisferio derecho de su cerebro: la creatividad.

Una idea es una fuente de ingresos económicos; una idea es una fuente de salud familiar. La gran mayoría de los millonarios se hicieron ricos de la nada... ¿Eres de aquellos que no tienen nada...? ¿Ni una herencia, ni un padre rico, ni dinero invertido...?

Si es así, tengo una buena noticia: *¡eres candidato a ser millonario!* Dios hizo todo de la nada. Es interesante lo que dice el Génesis: «Dios dijo y luego lo vio creado.» Este es el proceso creativo: primero lo digo, después lo veo. Si dices «todo me irá bien», verás que todo te va a ir bien.

Cada vez que seas promocionado será con una idea, porque una idea te brindará la capacidad de llegar y de subir a otro nivel.

3. IDEAS Y RESULTADOS

Todo lo que vemos es producto de una idea. Alguien inventó la escritura, alguien tuvo la idea, inventó el papel, el lápiz, la computadora: una idea. Para seguir creciendo necesitamos ser cazadores de nuevas ideas; un hogar, una familia o una empresa no se lideran con fuerza, sino con sabiduría y con ideas para implementar, que nos producirán un mejoramiento en todo lo que hagamos.

Tal vez digas: «A mí nunca se me ocurre nada.» Esto es totalmente falso; todos somos creativos, todos tenemos capacidad para serlo.

¿Qué tenemos que hacer, pues, para generar nuevas ideas?

> **Lo importante no es tener muchas ideas, sino la idea oportuna en cada caso.**
>
> **Juan Zorrilla de San Martín**

En primer lugar, tienes que divertirte más; la alegría activa las ideas creativas.

Los seres humanos tenemos dos hemisferios. El izquierdo, que es el racional, sirve para pensar y analizar, mientras que el derecho es el de la relajación, el de la fiesta, el que está en funcionamiento cuando nos divertimos. La creatividad se origina en dicho hemisferio, no en el racional.

Según los creativos, **lo que hay que hacer es pensar un tema, analizar todo el material y cuando ya se han seguido esos pasos, no pensar más en él**. Puedes leer una revista cómica, salir a caminar un rato, dar una vuelta y distraerte.

En una ocasión tuve la posibilidad de estar con el creativo y exitoso Carlitos Balá, y, aprovechando esa oportunidad, pude preguntarle muchas cosas. Una de ellas fue saber cómo lo había hecho para crear tantos eslóganes, como «*Un gestito de idea*» o «*Qué gusto tiene la sal*», que han pasado de generación en generación. Me comentó que una vez, mientras estaba en Disney World con su hija, no podía entrar en una atracción porque había mucha gente, y, para divertirse mientras esperaba, comenzó a hacer «*Guau, guau*». Al escucharlo, un hombre que se encontraba en la cola se dio la vuelta buscando al perro, ante lo cual él se dijo: «*Esto está bien.*» Entonces le tendió la mano, como si tuviera una correa invisible, y de allí inventó «Angueto, *quédate quieto*». Divertirse es la capacidad de generar ideas de oro.

El paso siguiente es hacer un **resumen de tu proyecto**. La gente creativa aprende a resumir lo que le pasa en dos líneas. La capacidad de resumir hace que el pensamiento creativo funcione mejor. Esta gente dice: «Mi problema es este.» Cuanta más capacidad tenemos de resumir en dos renglones lo que sucede, lo que necesitamos o lo que queremos lograr, mayor cantidad de pensamientos creativos activamos.

Por tanto, **es necesario aprender a metaforizar**. Por ejemplo: si mi problema fuese un animal, ¿cuál sería? Tengamos la capacidad de buscar un símbolo.

Uno puede ser como una caña o como una rama; la caña se rompe, la rama se dobla: metáforas. La gente creativa busca imágenes. «*Soy como un vaso lleno*», «*soy como una copa que rebosa de alegría*». Estas imágenes nos permiten ver los hechos desde otro ángulo.

A continuación, es necesario **darse permiso para estar un poco loco**. Eso significa pensar lo que sea, permitirse que vengan las ideas aún más locas. Jamás podemos decir: «*¡No!, esto no, esto es una tontería.*» Esto es lo que se llama «tormenta de ideas», hablar, opinar. Para algunos es más fácil unir dos ideas y así generar otra... Es saber y darnos el lugar para poder pensar: «*¿Y qué pasaría si tal cosa? ¿Qué pasaría si tal otra?*»

Es tener la capacidad de poder romper con los paradigmas, es cuestionar aunque los otros nos digan que es una locura o que esa idea es imposible de concretarse. Frente a las ideas creativas, siempre te dirán que estás loco, que no se puede, que no es el momento, que no hay fondos, que no lo vas a lograr, que estás muy viejo o eres muy joven, que es algo raro...

> **Ningún ejército puede detener la fuerza de una idea cuando esta llega a tiempo.**
>
> **Victor Hugo**

El ex miembro de la Corte Suprema de Estados Unidos, el juez Louis Brandeis, dijo: «*La mayoría de las cosas que vale la pena hacer en este mundo habían sido declaradas imposibles antes de ser hechas.*»

Los creativos, las personas con ideas de oro, han aprendido a no dejarse cansar por la gente: tienes que lograr que tu entorno no te desanime ni te desenfoque. Muchas veces, no son las grandes ideas las que resultan posibles, sino aquellas pequeñas ideas a las que les damos lugar para que crezcan junto con nosotros.

Cuando Thomas Adams inventó el chicle, todo el mundo le dijo que no. Cuando el hombre inventó el *walkman*, le dijeron: «¿Quién va a querer tener música pegada a los oídos?» Todas las ideas buenas fueron rechazadas. Hay personas que han tenido grandes ideas pero las perdieron porque prestaron atención a la gente que carecía de visión de futuro.

- George Lucas, el creador de *La guerra de las galaxias*, fue rechazado por muchos productores, pero él siguió adelante con el proyecto y ganó.
- Charles Darrow, en 1934, no tenía trabajo, y para entretenerse inventó un juego y vendió quinientos millones

de ejemplares: se llamaba Monopoly. Lo mismo puede pasarte a ti. En tu tiempo de crisis, una idea de oro que tengas puede darte quinientos millones de dólares...

- Cindy Cashman, una mujer analfabeta de veintiséis años, escribió un libro, ¿te interesaría saber cuántos ejemplares vendió?
  Un millón y medio, a cuatro dólares cada uno. Eso es mucho dinero. ¿Sabes cómo se llamaba ese libro? *Todo lo que saben los hombres acerca de las mujeres*, y tenía ciento veintiocho páginas en blanco.

Seguramente te estarás diciendo «¡Cómo es posible!». Sin embargo, así fue. Una idea, por más extravagante, loca o disparatada que sea, puede hacerte llegar a la meta. Una idea a tu parecer tonta puede expandirte. Los recursos que necesitas para generar buenas y brillantes ideas están dentro de ti, no las encontrarás fuera.

Y, por último, **prueba a hacer cosas nuevas.**

Por ejemplo, ¿te gusta cocinar? Prueba, hazlo, y si lo haces, cocina algo nuevo.

¿Te gusta leer? Si tu respuesta es no, hoy puedes buscar un libro que nunca hayas leído y comenzar a leerlo.

Con cada desafío al que te enfrentes, tendrás un resultado que activará tu creatividad. Los imprevistos y los cambios de planes a último momento, en muchas ocasiones, acaban transformándose en muy buenas ideas. Todo dependerá de tu posición, de tu predisposición a hacer algo fuera de lo rutinario.

Y cuando tengas una idea, mejórala. Una idea siempre se puede mejorar más y más. El gurú del márketing Alberto Levy dijo: «*Lo que no mejora, queda en el olvido.*»

¿Has conocido el tocadiscos con discos de pasta a setenta y ocho rpm? A ellos siguieron los *walkman*, luego los *discman*, después los *ipod*, y ya llegamos al MP10...

Cuando salió el primer teléfono móvil, era del tamaño de un zapato; después apareció otro móvil más pequeño; ahora los teléfonos tienen internet, vídeo y cientos de opciones más.

Todo evoluciona, todo avanza y todo surge a partir de una idea. Renuévate cada día, haz algo diferente, y, como dijo Alberto Levy: «Dale a la gente lo que la gente no espera.» Esa es la mentalidad del avance, lo que la gente no espera.

5

CONÉCTATE CON EFICACIA

1. CONECTANDO SABIAMENTE

Todo en la vida se basa en relaciones interpersonales. El 99 por ciento de tu trabajo consiste en relaciones interpersonales. Desde que nos levantamos hasta que nos acostamos, nos relacionamos con gente. Para tener amigos, para tener pareja, nos relacionamos con la familia... Aquel que sabe relacionarse bien con los demás es a quien le va bien en la vida, dado que todo se mueve en medio de relaciones interpersonales.

> **En tu relación con cualquier persona, pierdes mucho si no te tomas el tiempo necesario para comprenderla.**
>
> **Rob Goldston**

Puedes haber sido un excelente alumno en la universidad, tener másters, doctorados o ser un genio, pero si no eres un diez en tu forma de relacionarte con los otros, difícilmente tu red de conexiones será extensa y por ende tampoco lo serán tus resultados. Necesitamos aprender a llevarnos bien con la gente, saber conectar con el otro para prosperar. Hay gente que es conflictiva y gente que sabe cómo establecer relaciones exitosas. Y no solo es indispensable aprender a conectar con los otros en el ámbito laboral o empresarial, sino también en nuestro mundo emocional privado.

Analicemos entonces cinco actitudes fundamentales que harán que tus relaciones interpersonales mejoren día a día y sean duraderas.

1. **Enuncia elogios inteligentes.** ¿Cuántas veces te han criticado? ¿Cómo te has sentido frente a esa situación? Ahora bien, ¿cuántas veces te han elogiado?, ¿qué has sentido ante un elogio o una palabra de ánimo?
   Si elogiamos al otro, este querrá estar con nosotros, habremos empatizado con él, siempre y cuando el elogio sea inteligente y verdadero. ¿Qué quiero decir con esto? Que de nada sirve adular al otro por el mero hecho de hacerlo, para caerle bien. Un elogio inteligente es descubrir una actitud, algo bueno que el otro tiene y que nosotros somos capaces de ver y de expresar.
   Cuando ponemos en palabras la virtud del otro, estamos haciendo conexiones de oro. Las personas están acostumbradas a que siempre se les señalen los defectos, por eso, al hacerle notar a alguien sus virtudes, todo lo que es capaz de hacer, generamos empatía.
   Frente a cada hecho de la vida podemos elegir cómo reaccionar. Al llegar a tu trabajo puedes decir: «¡Cómo es posible que nadie compre jamás unos cruasanes!» Pero también: «¡Qué bien vendrían con este café unos cruasanes!» Es probable que, al decirlo de esta manera, alguno de los presentes responda: «La verdad es que

sí.» O quizás él mismo se levante para encargarlos. De lo contrario, en el primer caso, con seguridad pensarán: «Si quiere cruasanes, ¿por qué no los compra él?» Discutir, confrontar, criticar, todo ello nos aleja. Por el contrario, el elogio inteligente une y acerca.

2. **Necesitamos ser optimistas inteligentes.** ¿Qué quiere decir esto? La gente optimista no niega su realidad ni vive en un mundo de fantasía; la gente optimista ve su realidad, pero sabe que su futuro o su lugar de llegada no están allí, en el sitio donde se encuentra. El optimista sabe que dentro de sí hay un potencial que lo moverá de la situación en la que está hacia un lugar mucho mejor.

   En estos tiempos, no hay cabida para más pesimismo, más dolor ni más tristeza. La gente necesita una palabra de aliento y de sabiduría. Las personas necesitan saber que dentro de ellas hay una fuerza que las impulsará a mejorar, si saben conectar correctamente en todas las áreas de su vida.

   > **El optimismo es la fe que conduce al logro; nada puede realizarse sin esperanza.**
   >
   > **Helen Keller**

   Si eres padre, te acordarás de cuando tu hijo te mostró su primer dibujo... Seguramente lo mirabas y no entendías qué había dibujado, pero ¿cuál fue tu actitud en ese momento? ¿Acaso dijiste: «¡No entiendo nada de nada!»? ¿O dijiste: «¡Qué hermoso lo que has dibujado!»?

   Las personas necesitan saber que siempre hay alguien que puede ayudarlos a sacar lo mejor de ellos, que hay alguien dispuesto a tenderles una mano.

3. **Escuchemos con inteligencia.** Las personas, más que consejos, necesitan ser escuchadas, esperan que haya alguien capaz de sentarse a su lado y decirles: «Vamos, cuéntame qué te pasa.» En muchas ocasiones, cuando nos reunimos con alguien para conversar y escuchar lo que le pasa, estamos esperando una mínima oportunidad para poder emitir una palabra, dar un consejo o contarle que lo que nos pasó a nosotros es mucho peor. Sin embargo, lo más importante no es la palabra que podamos darles, sino estar atentos a lo que la persona quiere y necesita decir.

Sé una persona abierta, confiable, capaz de escuchar al otro sin emitir juicios.

4. **Seamos personas expresivas.** El tono de voz, los gestos, la postura corporal tienen que ser de validación, de aprobación. La manera como nos expresamos con los otros, la forma de comunicarnos pueden infundir optimismo o desánimo, pasión o descontento.

Tu verdad será mayor en la medida que sepas escuchar la verdad de los demás.

Martin Luther King

Si sabemos poner en marcha estas cuatro actitudes, siempre tendremos una nueva oportunidad. El partido no termina hasta que llegamos al sí, a ver nuestros sueños realizados.

2 «EL CAMBIO COMIENZA POR MÍ»

Necesitamos desarrollar el autodominio, aquella actitud que nos permitirá ver el contexto de toda la situación y elegir así la mejor parte, la mejor forma de reaccionar. Decir todo lo que pensamos, no tener «pelos en la lengua», no es ser sabio ni prudente. La inteligencia y el dominio de uno mismo consisten en ver con claridad y elegir qué nos conviene y qué no, cómo negociar, qué ceder y qué no. Cuando aprendamos a relacionarnos eficazmente con los otros, seremos más felices, tendremos menos problemas familiares, emocionales y laborales, y cada relación que tengamos irá de progreso en progreso. Muchas veces, el problema no está en el mundo exterior ni en los otros, sino en nuestro interior. Necesitamos aprender a relacionarnos correctamente. Puedes pasar por el entrenamiento universitario, pero si no sabes empatizar con los que te rodean, tus vínculos se debilitarán con el tiempo.

Si tienes autodominio y responsabilidad de ti mismo, serás capaz de hacerte cargo de tu situación, y, al hacerlo, podrás conectar positivamente con el otro. No arrojemos más la culpa a nuestro entorno... Si no crezco económicamente, no depende del país ni de la economía, sino de lo que estoy haciendo, de cómo me estoy moviendo para generar la prosperidad económica que ansío tener. Entonces debemos preguntarnos: ¿Qué he hecho para alcanzarla? Y a partir de ese reconocimiento, nos amigaremos con el mundo, generaremos nuevas oportunidades y todo comenzará a funcionar mucho mejor.

Asimismo, aprendamos a alegrarnos cuando al otro le va bien. Celebrar los logros de tu compañero de trabajo, de oficina, los ascensos, las asignaturas aprobadas, los éxitos económicos de los que te rodean, es una bendición, porque todo lo que celebres del otro es lo que vendrá a tu vida. *Si eres capaz de festejar las alegrías de los demás, ellas serán el anticipo de lo que pronto estarás festejando para tu propia vida.* Recuerda que lo semejante atrae lo semejante.

3. MI «YO» SANO ESTABLECE «RELACIONES SANAS»

No hay ser humano más extraordinario que la persona competente y humilde. La gente orgullosa acaba sola, la gente impulsiva acaba sola, pero la gente que sabe establecer conexiones sanas con los demás siempre llega a la cima. Solo enójate contigo mismo, con la situación que no aceptas y no quieres para tu vida, y al hacerlo descubre que dentro de ti hay un potencial, hay dominio propio, hay coraje, hay valor y fuerzas para generar el cambio que necesitas.

Todo está dentro de ti y lo que tengas en tu interior será lo que seas capaz de dar. Busca cada día un motivo para ser feliz, elogia, felicita, escucha, siembra en el otro y recogerás mucho más de lo que sembraste. *Todo lo que haces por los demás volverá a tu vida multiplicado. Este es un principio que no falla. Todo lo que respetes se acercará a tu vida, todo lo que festejes en el otro, lo celebrarás tú mismo en tu vida.*

> **Nadie llega a la cima del Everest por casualidad.**
>
> **Anónimo**

Permitamos al otro ser como es. Respetemos su individualidad, y, cuando lo hagamos, el otro respetará nuestra individualidad. Fuimos creados seres libres solo para dominarnos a nosotros mismos, no para dominar a otro ser humano.

Si lo que yo exijo priva al otro de sus gustos y preferencias, de su manera de pensar y su estilo de vida, estarás violando la individualidad del otro y el derecho de ser como ha decidido ser.

«Yo tengo que ser yo, y tú tienes que ser tú.» Nadie puede ser totalmente feliz hasta que no es libre. Y eres libre cuando respetas tu individualidad; por eso, no debes fotocopiarte en nadie, tienes que ser quien eres. A partir de aquí, del derecho de poder elegir quién eres verdaderamente, podrás respetar a tus semejantes y establecer con ellos vínculos y redes interpersonales y sociales sanos, productivos y eficaces.

6

CONSTRUYE PUENTES

1. TODOS GANAN

Cada persona debe ser el líder de su propia vida, de su sueño, de su proyecto. Nadie puede hacerlo excepto tú mismo. *Liderazgo significa influencia, conducción y construcción.*

¿Qué quiere decir esto?

Que un buen líder construye puentes, sabe conectar con la gente, marca puntos en común, no busca aquello que nos diferencia, sino lo que nos une y nos conecta con los otros. ¡Ayuda a los demás a triunfar!

Egoísta no es el que piensa en sí mismo, sino el que no piensa en los demás.

En la mente del egoísta existe el paradigma según el cual hay gente que gana y gente que pierde, por lo que se dice a sí mismo: «Yo no quiero perder sino ganar.» Por su parte, la persona que ayuda piensa: «Yo ganaré porque tú vas a ganar, porque hay ganancia para todos.»

Un egoísta no ayuda al otro a triunfar, sino que piensa: «Tu triunfo es mi derrota.» Pero los que saben ayudar dicen: *«Tu triunfo es mi victoria y cuando triunfas todos ganamos.»*

Cada vez que uno sea capaz de ser un puente para el otro, habrá un fruto, una abundancia que solamente viene por ayudar al otro a triunfar. Este es un principio que funciona. Eres grande no solo cuando triunfas, sino que eres grande cuando abres camino a otros. No se es grande cuando uno es nombrado jefe de una empresa, sino cuando se es capaz de abrir camino a los demás.

> No te canses de hacer el bien, pues si no desmayas vas a obtener una cosecha.
>
> Pablo de Tarso

2. MANOS A LA OBRA

Una de las emociones más maravillosas que puedes sentir es la emoción de ayudar al otro a triunfar. Ahora bien, necesitamos entender a qué nos referimos con ayudar al otro.

Ayudar no es «Hipotecaré mi casa por ti», «Te voy a prestar dinero», «Te daré el título de propiedad», «Me voy a sacrificar, que me duela a mí para que tú estés bien». Eso no es ayudar.

Ayudar es construir un puente,
ayudar al otro a alcanzar su sueño.

Hay varias maneras de ayudar:

- ***Reconociendo a la gente.***
  John Maxwell, uno de los mayores líderes del presente, emplea la regla de los treinta segundos: «Usa los primeros treinta segundos para decir algo positivo a la persona que tienes al lado.» Lo más importante en una relación son los primeros segundos y debemos utilizarlos para reconocer o felicitar, para decir algo positivo de la otra persona, para destacar un punto fuerte en ella.
  Cada vez que entres en contacto con otras personas, no te enfoques en ti mismo sino en los demás. Cuando uno sabe dar aliento en los primeros treinta segundos en que ha hecho contacto, genera muy buena impresión y así logra que el otro pueda estar receptivo a nuestro mensaje.

> **El hombre más feliz del mundo es aquel que sabe reconocer los méritos de los demás y puede alegrarse del bien ajeno como si fuera propio.**
>
> **Johann W. von Goethe**

- ***Dando mérito al otro.***
  Crear un puente con el otro es ser capaz de valorar el trabajo de los demás y felicitarlos. Cuando tu estima está sana, eres capaz de reconocer el éxito y la fortaleza del que está a tu lado y de tus semejantes. Piensa cómo te sientes tú cada vez que alguien te felicita, te afirma, te dice una palabra positiva y resalta algo maravilloso de tu vida. ¿No te sientes mejor? Cuando una persona es capaz de felicitar al otro, hace que el otro se acerque a él. Cada vez que ayudes se acercarán a tu vida dos tipos de personas:

Aquellas que se benefician de tu vida y no aportan nada, solamente se valen de lo que tienes sin dar nada a cambio. Aquellas que te brindan conexión y una provisión para tu vida, lo cual te acerca más a tu propósito.

Una leyenda judía dice que dos hermanos estaban compartiendo un campo y un molino. Cada noche dividían el producto del grano que habían molido juntos durante el día. Un hermano vivía solo y el otro se había casado y tenía una familia grande.

Un día, el hermano soltero pensó: «No es justo que dividamos el grano de manera equitativa, yo solo tengo que cuidarme a mí mismo, pero mi hermano tiene niños que alimentar.» Así que cada noche, secretamente, llevaba algo de su harina a la bodega de su hermano.

Pero el hermano casado pensaba en la situación de su hermano y se decía: «No está bien que dividamos el grano equitativamente, porque yo tengo hijos que me proveerán cuando sea anciano, pero mi hermano no tiene a nadie, ¿qué hará cuando esté viejo?» Así que también cada noche llevaba secretamente parte de su harina y la ponía en la bodega de su hermano.

Lógicamente, cada mañana ambos hermanos encontraban sus provisiones de harina misteriosamente con la misma cantidad.

Hasta que una noche se encontraron en medio del camino entre sus casas y se dieron cuenta de que lo más valioso que tenían era el amor que profesaban el uno por el otro.

No pongas freno a tu capacidad de ayudar a otros a triunfar.

Todo aquel que es capaz de ser un puente para el otro, generará cambios en el ambiente en donde esté, y, a través de ellos, podrá transmitir todo lo que tiene. Si somos capaces de transformar los ambientes, seremos también capaces de recibir desde esos mismos puentes que fuimos capaces de generar.

Ayudar al que lo necesita no solo es parte del deber, sino de la felicidad.

José Martí

3. La Ley de la asociación

Esta Ley afirma: «Dime con quién andas y te diré dónde y cómo terminarás.»

Si decides juntarte con aquellos que son sabios, sabio serás; pero si lo haces con gente necia, necio serás y estarás desperdiciando años maravillosos de tu vida.

La siguiente historia, de autor desconocido y llamada «la Ley del camión de basura», describe muy bien el significado de esta Ley.

Hace dieciséis años yo aprendí esa lección en un taxi neoyorquino. Esto fue lo que sucedió:

Me subí a un taxi rumbo a la Estación Central del Ferrocarril, y, cuando íbamos por el carril de la derecha, por poco nos estrellamos con un auto que así de repente y de la nada salió a toda velocidad de donde estaba estacionado. El conductor del taxi en que iba alcanzó a frenar, el taxi derrapó y casi le pegamos al auto que quedó frente a nosotros. Después de esto, el conductor del otro auto, el que casi causó el accidente, asomando la cabeza por la ventanilla, comenzó a gritarnos todo tipo de insultos. Todavía recuperándome del susto, lo que acabó de sacarme de mis casillas fue la actitud del chofer de mi taxi, quien de forma extremadamente amistosa y cortés sonreía y saludaba con la mano al conduc-

tor del otro auto. Yo estaba furioso y confundido, pero no me quedé con las ganas y le pregunté al chofer de mi taxi por qué se ponía a sonreír y a saludar al hombre que casi nos hizo chocar, arruinar su taxi y posiblemente hasta enviarnos al hospital. Entonces, el taxista, con voz pausada, me contó lo que ahora yo llamo «La Ley del camión de basura».

«Mire», me dijo: «¿Ve aquel camión de basura?» «Sí», le dije, «¿y eso que tiene que ver?». «Pues, así como esos camiones de basura, existen muchas personas que van por la vida llenos de basura, frustración, rabia y decepción. Tan pronto como la basura se les va acumulando, necesitan encontrar un lugar donde vaciarla, y si usted los dejara, seguramente le vaciarían su basura, sus frustraciones, sus rabias y sus decepciones. Por eso, cuando, alguien quiere vaciar su basura en mí, no me lo tomo como algo personal; sonrío, saludo, les deseo todo el bien del mundo y sigo mi camino. Hágalo usted también y le agradará el haberlo hecho, se lo garantizo.» A partir de ese día comencé a pensar cuándo permitía que estos «camiones de basura» me atropellaran; y me pregunté a mí mismo cuán a menudo recogía esa basura y la esparcía a otra gente en casa, en el trabajo o en la calle. Así que me prometí que jamás lo iba a permitir otra vez. Comencé a ver camiones de basura y así como el niño de la película El Sexto Sentido *decía que veía a los muertos, ahora yo veo los camiones de basura. Veo la carga que traen, veo que me quieren echar encima su basura, sus frustraciones, sus rabias, y, sus decepciones y tal y como el taxista me lo recomendó, no me lo tomo como algo personal, sonrío, saludo, les deseo lo mejor y sigo adelante.*

En un momento determinado de la historia, Alemania se encontraba dividida en dos. Una de ellas decidió llenar un camión de estiércol y arrojarlo al otro lado del muro;

pero, en respuesta, la otra Alemania cargó un camión con frazadas, alimentos y con un gran cartel que decía: «cada uno da lo que tiene dentro».

Habrá personas, puentes de oro, que, en el peor momento de tu vida, te acercarán a tu sueño.

Warren Buffett es uno de los hombres más ricos del mundo. En su juventud fue a inscribirse a la Universidad de Harvard; como no reunía todos los requisitos, lo rechazaron y no pudo inscribirse. Decidió entonces probar en la Universidad de Columbia, se inscribió y se hizo amigo de uno de los profesores, que luego fue su mentor. Le enseñó cómo invertir dinero en bolsa, y Buffett terminó haciéndose multimillonario. Por eso dice: «Descubrí los millones gracias a que me rechazaron en Harvard.»

Un muchacho australiano que nunca había hecho una película —nadie lo había llamado— decide presentarse a un casting y el día anterior tres ladrones lo asaltan, le pegan y le desfiguran la cara. Cuando se presenta al productor, lo ve y dice: «Justo lo que estaba buscando... ¡un tipo rudo!» Gracias a que le robaron y le lastimaron la cara, Mel Gibson empezó su carrera como actor.

Joseph Pulitzer, un hombre en sus comienzos sumamente pobre, al llegar a Estados Unidos no tenía ni para comer. Se dedicó a hacer lo que sabía, que era jugar al ajedrez. Jugaba con uno, jugaba con otro, y en una partida se hizo amigo del contrincante. Este le preguntó: «¿Usted a qué se dedica?» «No tengo trabajo...», respondió Pulitzer. «Bueno, le voy a dar trabajo de aprendiz, soy dueño de un diario.»

Este hombre entró como aprendiz, con el tiempo empezó

a escribir artículos, más tarde fue jefe, compró acciones y por fin... ¡la empresa!

Aprendamos a invertir tiempo en relaciones.
Seamos personas sociables,
personas colectoras de relaciones sanas.

La gente que tiene expectativas positivas de su futuro atraerá a su vida las mejores relaciones interpersonales. Sé sabio y no permitas que nadie arroje su basura en la puerta de tu casa.

7

BUSCA UN MENTOR

1. El poder de un mentor

«Mentor» es una palabra que se utiliza en las organizaciones. En las universidades más prestigiosas tienen por costumbre asignar a cada alumno un mentor. Las grandes empresas invierten importantes sumas de dinero para que su gente sea entrenada y preparada. A una empresa seria le conviene que tú estés bien preparado y formado.

Cuanto mejor hagas las cosas, más vas a rendir.

- Todos necesitamos mentores, ya sea en el trabajo, en el colegio, en todas las áreas en las que nos desarrollemos.
- Todos necesitamos ser supervisados y guiados. «Supervisar» quiere decir preguntar: ¿cómo estuve?, ¿cómo lo hice?, ¿qué te parece?

Un mentor es aquel a quien recurrirás para preguntarle en qué puedes mejorar y ser más excelente. A un mentor no

> **Más valioso que el dinero es un sabio consejero.**
>
> **Anónimo**

necesitamos impresionarlo, lo que necesitamos es aprender de él y saber qué fue lo que le funcionó para poder ponerlo en marcha.

Un mentor es alguien que aconseja, que guía, que forma al otro en aquella disciplina en la cual él ocupa un lugar más avanzado en la carrera. Un buen mentor no discute con su discípulo; es tan eficaz que en minutos podrá darte una palabra llena de sabiduría que transformará tus ideas y hará que tu vida cambie completamente.

Un mentor te enseña a llegar a tu próximo nivel.

Un mentor te arrancará del anonimato y te animará a llegar a lugares que nunca has alcanzado. Un mentor te infundirá seguridad.

- Seguridad es lo que hace que una persona, si pierde su trabajo, pueda caminar en paz porque sabe que viene lo mejor.
- Seguridad es lo que hace que una persona tenga paz en medio de una enfermedad, porque sabe que algo distinto está a punto de ocurrir en su vida.
- Seguridad es lo que hace que una persona que ha vivido en la oscuridad pueda llegar a ocupar un lugar de honor.

Un buen mentor nunca va a ocasionar culpa; un buen mentor va a fortalecer tus capacidades.

Un buen mentor te dirá: «Donde estás no es tu destino, es el punto de partida para que comiences a conquistar todo aquello que te has propuesto alcanzar.»

Un manzano no repite todo el día: «Soy un manzano, soy un manzano.» ¡No!, él sabe quién es en esencia. Un buen formador hará que descubras en tu esencia todas las aptitudes con que has nacido para lograr cuanto te propongas, sea cual fuere el ámbito en que te desarrolles.

> **La seguridad no es que las situaciones te afirmen que estás seguro, sino que tú afirmes a las situaciones cuán seguro estás.**
>
> **Noriam**

Un mentor es alguien que ya ha llevado a cabo lo que yo quiero hacer, por eso podré dar sus mismos pasos y llegar así a la meta.

Un mentor es aquella persona que tengo como modelo, es aquel que está delante de mí, jamás detrás, porque el que está detrás de nosotros necesitará nuestro auxilio en algún momento.

Un verdadero mentor nunca se ofrecerá a ayudarte; a los verdaderos mentores tendrás que perseguirlos. Un mentor nunca te dará un consejo si antes no le expresas la necesidad de que lo haga.

Un mentor es como un imán que atrae a gente de su misma naturaleza; atrae a gente de propósito y de destino. Un mentor sabe lo que atrae, así como el imán atrae el hierro y desecha lo que no lo es.

Un mentor siente pasión por todo lo que hace, y con esa misma pasión te transmitirá todo su conocimiento; no tiene miedo de dar lo que tiene, porque sabe que, a medida que da, vuelve a llenarse, sabe que es portador de una potencia ilimitable e inagotable.

> **Hay dos tipos de personas: los que vuelan y los que se cuelgan de los que vuelan.**
>
> **Lucas Márquez**

Un buen formador siempre te empujará a ser el primero; te entrenará para competir y ganar.

¿Has oído decir «lo importante es competir»? Seguramente sí; sin embargo, podemos refutar esta afirmación que han adoptado muchas personas. Lo importante no es competir, es tener una mente ganadora, una mente con ganas de avanzar.

Un buen mentor te avisará de que vienen tiempos emocionantes. Te sacará de la rutina de tu pelea, de tu mente, de estar tratando de encontrar una solución a aquello que ya no sirve. Desde ese lugar, necesitas buscar un mentor y tener en claro que un mentor **no** es un amigo.

Veamos las diferencias entre ambos conceptos y personas:

- *Un amigo te acompaña a celebrar tu éxito; un mentor corrige tus defectos.*
- *Con un amigo te sientes cómodo; un mentor te molestará: siempre te estará desafiando a ir por más.*
- *Un amigo está a tu lado; el mentor te enfoca.*
- *Un amigo ve hasta allí; un mentor ve hasta allá, hasta donde aún no has llegado.*
- *«Un amigo te ama tal como eres; un mentor te ama demasiado para dejar que seas como eres.»* (Mike Mourdok)

Cuando sepamos diferenciar entre ambos conceptos, sabremos que en presencia de un mentor debemos ser concisos y aprovechar el tiempo que estemos con él.

2. SÉ QUE HAY MÁS...

Peter Druker dijo: «Mi mayor fortaleza como asesor es ser ignorante y hacer algunas preguntas.»

Para poder ser guiado eficazmente, necesitamos aprender a oír, ser humildes y reconocer que, aunque hayamos conseguido logros, esto no implica que ya lo sepamos todo.

La persona «enseñable» es aquella que sabe que siempre hay mucho más para aprender y extraer de quienes han sabido ser alumnos y hoy son maestros. Todo aquel que avanza y no tiene límites ha reconocido que el aprendizaje es continuo y permanente.

> **El sabio no habla mucho, pero sabe escuchar.**
>
> **Anónimo**

Si aprendemos a ser guiados por un mentor, y aceptamos la palabra que el otro pueda darnos, nuestro mañana será mucho más promisorio que nuestro presente. Si sabes descubrir la mentalidad de tu mentor, su sistema de creencias, podrás captar más cada día, tus decisiones serán siempre inteligentes y tus resultados, extraordinarios. Cuando hayas logrado ver tu sueño cumplido, entonces tú podrás ser mentor de otros.

Existe un periodo imprescindible de entrenamiento, pero llegará otro tiempo en que te convertirás en mentor de otros.

La satisfacción que se siente al ser formador de otros es muy grande y especial. Los hombres más importantes de la historia han sido padres. ¿Qué quiero decir con esto? Que los grandes hombres, los que hacen y escriben la historia, han tenido discípulos que han seguido la tarea que ellos habían comenzado. Jesús, el líder más grande de la historia de la humanidad, dejó un legado vigente para todas las generaciones.

Ha habido hombres que han sido mentores, hombres que han formado a otros para que puedan expandirse, que les han dado herramientas para alcanzar lo que se habían propuesto.

El que sirve es mayor que el servido.

Todos los grandes hombres han formado a otros.

Las personas de propósito, los mentores, saben dejar huella y herencia; mueren totalmente vacíos. Ellos te enseñarán que en la vida los sueños no están para ser soñados sino para ser alcanzados. Tú tienes que ayudar a que los otros sean disparados como una flecha hacia su propósito. ¿Y cómo se hace eso?

- Creyendo en el otro, validándolo, aplicando la Ley de la expectativa.
- Enseñándole que dentro de sí hay encapsulado un potencial que, en el momento en que sea liberado, dará en el blanco justo.
- Dándole confianza. Cada vez que una persona confía en nosotros y nos motiva a superarnos más y más, esa confianza puesta en palabras nos empujará a que podamos arriesgarnos.

La Ley de la expectativa establece que si un jefe, un tutor, un mentor o un padre elaboran un concepto de validación y estima sana de tu persona, y si uno mismo sabe qué es lo que los otros piensan de nosotros, seguramente responderemos a todo lo que los demás están esperando. Si, por el contrario, la opinión sobre nuestra capacidad es de menosprecio y baja estima, es muy probable que nuestro rendimiento sea muy pobre y los resultados que obtengamos sean negativos. Si entro en un lugar y decido colocar mi expectativa brillante sobre alguien, este tratará de alcanzar ese nivel.

- **Expresarle al otro todo el respeto y el apoyo, validarlo, ponerle un diez, es ayudarlo a tener una salud emocional sana.** Todo empieza cuando uno cree en sí mismo. Las creencias de una persona afectan la conducta de los demás y determinan, en gran medida, la respuesta del otro.
- **Cuanto más grande sea la expectativa del mentor, cuanta mayor sea la capacidad que tenga para desafiarte, cuanta más estima pueda impartirte, mayor será el rendimiento que obtengas.**

Los resultados y las respuestas que obtengamos dependerán en gran medida de la confianza que haya sido depositada en nosotros. Las personas que están huérfanas de confianza en sí mismas tendrán conductas conforme al nivel de expectativas que poseen.

> Si tomamos a los hombres tal como son, los haremos peores de lo que son, pero si los tratamos como si fueran lo que deberían ser, los llevaremos adonde nunca han ido.

Si queremos avanzar en la vida y generar nuevas conexiones, necesitamos mentores. Un mentor es un atajo. El éxito deja pistas. Se puede llegar a las metas por el camino normal o por un atajo, ahorrando tiempo y energías, y para eso están los mentores, ellos te ahorrarán grandes dolores de cabeza.

Un maestro tiene un efecto perpetuo; uno nunca sabe hasta dónde continuará su influencia. Cuando el avión corre para despegar, hay un momento en que alcanza una velocidad tal que no le permite volver atrás ni detenerse, tiene que despegar. Cuando puedas escuchar y aprender de estos hombres, tu potencial despegará de una forma inesperada.

No camines con la gente estancada, hazlo con aquellos que desafían a ir donde nunca has ido, a escalar esa montaña que nunca has escalado.

Cuando estés con la gente que te impulsa a crecer, la fuerza que emana de ellos te llevará hasta un nuevo nivel de rendimiento y resultados. Posiciónate detrás de un Fórmula 1, no importa que no lo puedas alcanzar; síguelo y cree a la gente de mentalidad avanzada. En muy poco tiempo, serás uno de ellos, un Fórmula 1.

8

ESCRIBE EL PLAN

1. Yo tengo un porqué

Todo proyecto comienza con un plan. Desde la creación del mundo hasta el día de hoy, todo comenzó con un plan, todo estaba y está basado en un plan a llevar a cabo. Cada elemento fue creado con un objetivo, con un propósito.

Propósito es vivir para aquello para lo cual has sido creado; es el plan original para tu vida, tu verdadera vocación. Conocer y cumplir el propósito te hará feliz.

Ese propósito te fue dado desde el vientre de tu progenitora. Hoy sabemos que, a los cinco meses de embarazo, el futuro bebé puede oír, recordar y aprender.

El primer violonchelista del Teatro Colón de Buenos Aires contó que cierta vez estaban ensayando una composición musical muy difícil que los otros músicos no podían tocar, pero sin embargo a él le resultaba fácil. Cuando llegó a su casa le contó a su madre lo ocurrido, a lo que ella respondió: «No me sorprende, ese tema musical era el que yo escuchaba cuando estabas en mi vientre.»

Por eso, en primer lugar, necesitarás encontrar el propósito por el cual has nacido para que a partir de allí puedas establecer un plan de metas para alcanzarlas.

La grandeza de una persona es el fruto de estar conectada con su propósito.

Potencial y propósito son las dos revelaciones mayores que una persona puede lograr.

Saber que tiene la habilidad y el poder para lograr lo que desea porque ha nacido con ese propósito.

Si bien el propósito nunca se modifica, siempre se necesitará un plan para llevarlo a cabo. Un plan consiste en los pasos que necesito seguir, que me urge dar para alcanzar mi sueño.

En la crítica seré valiente, severo y absolutamente justo con mis amigos y enemigos. Nadie cambiará este propósito.

Edgar Allan Poe

En una ocasión, durante un almuerzo de trabajo, un director me preguntó:

—Bernardo: ¿cuál es tu objetivo con el último libro que has escrito?

—¿A qué se debe esa pregunta? —respondí.

—En una ocasión —dijo el director—, mientras cenaba con Francis Ford Coppola, le hice la misma pregunta: «¿Qué metas persigues con tu última película?» Y él respondió: «Que en los próximos veinte años se vea en todo el mundo.»

¿Qué significa esto?

Que este gran cineasta había producido una película en el marco de un plan.

Tener un plan en todas las áreas de nuestra vida es saber, es detallar, es escribir, es dibujar de qué manera llegaremos a nuestro objetivo. Existe un tiempo necesario de proceso, de formación, un tiempo en el cual tendrás que elaborar un plan que te facilite el acercamiento a tu objetivo.

Plan son los pasos que he de dar para alcanzar algo.

Para llegar a la meta necesitamos un plan.

- ¿Quieres gozar de buena salud? ¿Cuál es tu plan?
- ¿Quieres progresar económicamente? ¿Cuál es tu plan?
- ¿Anhelas tener paz en tu casa? ¿Cuál es tu plan?
- ¿Deseas tener una mejor comunicación con tus hijos? ¿Cuál es tu plan?
- ¿Necesitas un nuevo trabajo? ¿Cuál es tu plan?
- ¿Estás buscando mejorar y aumentar tu red de relaciones interpersonales? ¿Cuál es tu plan?

Detallemos los pasos que necesitamos dar para llegar al objetivo. Cuando tengo el plan, estoy calificado para llegar a él y verlo realizado. Organiza tu tiempo y anota la manera en que llegarás a tu sueño. Si mi interés es publicar un best seller, antes de comenzar a escribir tendré que pensar en un título, en un desarrollo, comenzar a investigar, buscar una editorial, hacer un plan de márketing y prensa para dar a conocer mi trabajo.

Si no sabes adónde vas, acabarás en otra parte.

L. Peter

Si mi interés es construir un edificio, primero tengo que averiguar cómo es el terreno que voy a comprar, si en él se permite construir o no, si es así conocer cuántos metros, qué es lo que el Ayuntamiento me permite edificar, y así poder ver si el precio de venta final es acorde con la zona en la que quiero invertir o si mis expectativas no son acordes con ese espacio de la ciudad... Un plan a seguir...

Muchas personas son soñadoras; sueñan pero no tienen planes. Puedes decir: «Yo sueño con tener una gran empresa» y soñarlo es muy bueno, pero, si no elaboras un plan para adquirirla, será solo un deseo o una ilusión.

Necesitamos ser hombres y mujeres de definición.

Define tu sueño y a partir de ahí arma un plan.

Brian Tracy ha dicho: «Por cada minuto que inviertes planificando, ahorras diez minutos de ejecución. El que fracasa en planificar está planificando fracasar.»

Cada día, al levantarte, reserva un tiempo para anotar tres cosas mínimas que harás para alcanzar tu sueño. Nadie podrá hacer estar tarea por ti, ya que te compete solo a ti.

2. OBJETIVOS CLAROS Y PRECISOS

Hay personas que dicen: «Yo quiero ganar...» (determina la suma). Seguramente ganar ese dinero estará muy bien, pero... ¿qué están haciendo hoy?, ¿qué tres cosas podrían estar haciendo ahora mismo?, ¿a quién han llamado para contarle su proyecto?, ¿qué van a hacer mañana?, ¿y dentro de dos horas?

Registra todos los pasos a seguir, desde los pequeños hasta los grandes y todos los días comprométete a llevar a cabo tres pequeños pasos para alcanzar tu sueño; produce todos los días algo y vendrá el momento en que verás el sueño cumplido... así que no te detengas.

Antes de ser conocido, Mark Victor Hansen, el autor de *Sopa de pollo para el alma*, tuvo que ver cómo ciento cuarenta editoriales rechazaban su libro. Pero la número ciento cuarenta y uno le dijo que sí, y vendió cien millones de ejemplares.

No necesitamos que todos nos digan que sí; necesitamos seguir adelante, caminar, caminar, caminar, y cuando hayamos tocado la conexión o llamado a la puerta correcta, tendremos el sí que nos llevará a la cima.

Casi todo tu futuro depende de las acciones que tengas registradas en el libro de tu vida.

Anónimo

Establece metas pequeñas. Si tu lista de clientes es de cien personas, fíjate como objetivo lograr en un mes un incremento de un 10 por ciento, y así sucesivamente. Al ver dicho objetivo realizado, tu autoestima se afirmará y cada meta que logres te motivará a alcanzar un nuevo logro. Necesitarás ir paso a paso. Tienes que construir tu sueño con un plan. Pon en un gráfico el lugar en el que hoy estás parado, tu actualidad, hacia dónde quieres ir y todo aquello que precisas hacer para llegar a la meta.

La gente de propósito sabe que tiene que poner metas para llegar a la cima.

No esperes grandes victorias y éxitos si antes no has experimentado pequeños retos y desafíos. Antes de que David venciera al gigante Goliat, ya había derribado a un oso y un león.

Las pequeñas batallas ganadas son el anticipo de las grandes victorias que vienen. Cada pequeña victoria te está preparando para tu próximo gran éxito.

3. MÁXIMO RENDIMIENTO

Si vas a la guerra, siéntate y planifica, no sea que tu enemigo esté mejor equipado y te destruya.

Los japoneses tienen un dicho: «Compren un auto americano, imítenlo, iguálenlo y supérenlo.»

Habrá momentos en que deberás ser atrevido y jugártela por lo que crees mejor para tu vida. Abraza tu sueño, tu plan, y, cuando llegues, ¡celébralo! Todo aquello que celebres se quedará en tu vida.

Y si el plan que has diseñado para llegar a la meta no funciona, sé flexible y cámbialo, busca nuevas estrategias, no te enamores de los planes. Seguimos haciendo las cosas cuando se ha demostrado que no funcionan y esperamos resultados distintos. Decimos: «Pruebo y pruebo pero nada me da resultado.» El hecho es que no podemos seguir haciendo siempre lo mismo. Necesitamos alejarnos y dejar de hacer aquello que no funciona.

La ciencia se compone de errores, que a su vez son pasos hacia la verdad.

Julio Verne

Aprendamos a no ilusionarnos con aquello que no produce absolutamente nada. No persistas en aquello que no funciona.

Solo necesitas llevar a cabo dos cambios.

En primer lugar, **mente abierta**. Si tu mente se abre, podrás recibir todo lo nuevo que te servirá a llegar al objetivo. En la Antigüedad, el odre era una bolsa de cuero en la cual se almacenaba el vino, una bolsa que perdía flexibilidad al secarse, lo que hacía que el vino fermentara; y como ya no se estiraba, el cuero se rompía y el vino se derramaba.

De la misma manera, necesitamos tener una mente flexible y amplia, o de lo contrario no podremos adaptarnos a los cambios de planes que tengamos que implementar. Hay personas que cuando escuchan algo que no pertenece a su pensamiento dicen: «Eso no puede ser, no es verdad, porque yo no lo sabía.» Creen que su conocimiento es todo lo que existe. Ser estricto, rígido, autoritario, y tener una mente cerrada no te permitirá ser una persona abierta a los cambios.

La mente cerrada hasta se expresa con rigidez física. Hay personas rígidas, que no tienen mentores porque «ya lo saben todo» y no se permiten la alegría ni las emociones. Todo lo emocional les molesta debido a que su misma inseguridad les hace querer detentar el control de todo y de todos. Necesitan moverse en el mundo de lo conocido, puesto que el imperativo y el deber los gobierna: «Esto debe hacerse así y punto.»

Nuestra mente no puede estar condicionada por un piloto automático, pues si lo está solo cuestiona lo que debe hacer y no pregunta si es útil, si sirve o no.

Para poder recibir lo nuevo necesitamos tener una mente abierta.

El fin de tener una mente abierta, como el de una boca abierta, es llenarla con algo valioso.

Gilbert Keith Chesterton

¡No hay nada peor que encontrarse con una mente cerrada!

Si abres tu mente, recibirás el vino nuevo y todo lo que te propongas podrás alcanzarlo.

En segundo lugar, tienes que saber que **una mente abierta atraerá gente con la misma visión.** Si tu mente está abierta, atraerás a tu vida gente abierta a lo nuevo.

Cuando tu mente esté abierta podrás estar en la casa de aquel que es distinto a ti, afrontar cualquier situación, tendrás la habilidad necesaria para relacionarte con intelectuales y con ignorantes por igual, con grandes hombres o con aquellos que no han alcanzado sus objetivos.

Cuando tu mente esté abierta, podrás conectar con cualquier persona, en cualquier circunstancia y hacer frente a cualquier desafío. Y este nuevo propósito que has recibido, esta flexibilidad de poder salir de lo que no funciona para entrar en lo que sí funciona, activará tu compromiso con tu propio plan.

Activar el compromiso significa darse y entregarse en favor de una causa. La mente cerrada no sabe para qué vive, porque tener éxito es saber para qué estás en el mundo.

Cuando sabes qué sueños hay en tu corazón ya eres exitoso.

El vino nuevo te dará la capacidad de jugártela y entregarte a esa causa, y de volcar toda tu energía, tu tiempo y tu dinero en favor del propósito y del plan que has diseñado para tu vida.

Muéstrame un obrero con grandes sueños y en él encontrarás un hombre que puede cambiar la historia. Muéstrame un hombre sin sueños y en él hallarás a un simple obrero.

James Cosh Penny

Una mente abierta no te permitirá ser indiferente, te moverá del lugar donde nada sucede para ir adonde las cosas sí ocurren.

Recuerda:

Cuando un barco está en alta mar, antes de soltar amarras ya sabía de dónde partiría, qué ruta seguiría y adónde llegaría. Cuando un avión despega, sabe qué ruta va a seguir. Cuando un arquitecto planifica un edificio tiene un anteproyecto y sabe cómo será el pozo, las vigas y todo lo que necesita para llevar a cabo la obra.

Nosotros también necesitamos hacer planes para nuestro próximo gran momento: tener un plan A, un plan B, un plan C y un plan D, y ser flexibles para implementarlos en el momento apropiado, realizando todos los cambios pertinentes para alcanzar nuestra meta. Cambiar de plan no implica necesariamente fracasar, sino estar enfocados en nuestro sueño, el cual jamás puede depender de un «determinado plan», sino de mi esfuerzo y mi voluntad para alcanzarlo.

Si te regalaran un millón de dólares o recibieras un aumento, tienes que saber qué harías y qué no.

9

SIGUE HASTA EL FINAL

1. PROHIBIDO CLAUDICAR

Cuando una persona sabe quién es, esa persona no renuncia a todo lo que se ha propuesto alcanzar, sabe que se lo merece.

Sabe que la imagen que recibe de sí mismo cada mañana responde a la imagen correcta. El hecho es que no siempre sucede así. ¿Qué imagen tienes de ti mismo? Todos tenemos una imagen de nosotros mismos, una fijación mental grabada, una imagen que guardamos en nuestra mente y se reitera una y otra vez.

Y así es como en nuestra mente pueden convivir diversos tipos de imágenes negativas:

- **Los prejuicios**

Prejuicio es una imagen previa de una persona o de una oportunidad. Toda imagen que te anticipe a la derrota es un prejuicio.

- **La obsesión**

La obsesión es una imagen que se reitera, se reitera, se reitera; y toda la vida gira alrededor de esa idea fija. Sensaciones que se repiten de una manera compulsiva e impulsiva. Imágenes perturbadoras, que roban la paz, la tranquilidad, que no permiten que el descanso sea profundo. Si siempre lo analizas todo, comenzarás a desesperarte, porque de la preocupación habrás pasado a la obsesión.

Hay personas que después de cuarenta años de transcurridos los hechos siguen diciendo: «¡No sabes lo que me dijo hace cuarenta años!»

Las personas que no pueden desprenderse de lo malo viven con esas imágenes obsesivas permanentemente, no importa dónde se encuentren, porque esas imágenes las acompañan allá donde vayan.

- **Pensamientos limitadores**

Las imágenes mentales son las que a diario nosotros mismos construimos en nuestra propia mente y los pensamientos obsesivos y limitantes nos frenan haciéndonos creer que no somos merecedores del éxito ni de vivir en paz, felices. Esos límites podemos haberlos puesto nosotros mismos o podemos haberlos construido de acuerdo con la imagen que los otros tenían de nosotros y las tomamos como propias.

Cuando uno no se quiere, siempre elige lo negativo para su vida.

Existen personas que dicen:

«¿Por qué los peores trabajos siempre me tocan a mí?»
«¿Por qué siempre mi pareja me maltrata?»
«¿Por qué cada vez que tomo una decisión me va mal?»

Y así es como nos ponemos límites a diario:

- **No tener cosas**

Es uno de los más grandes límites que tenemos los humanos: «No alcanzo esto o aquello porque no tengo dinero», o «porque no tengo coche», o «porque no tengo salud», o «porque no tengo contactos», etc.

¡Es un gran mito! Porque, como no tenemos, no alcanzamos lo que queremos, y esto es falso.

- **La credulidad**

La credulidad hace que creas cualquier cosa y vivas limitado al no creer en el potencial que hay dentro de ti.

- **Mis creencias**

La creencia es la imposibilidad, la limitación que te dice que nunca alcanzarás tu meta. Eso se llama paradigma, la idea que crees verdadera y te limita.

Explicaciones y justificaciones, que nos decimos a nosotros mismos tratando de entender por qué no alcanzamos nuestros propósitos.

- **Hacer muy bien lo que no es necesario hacer**

Hacer lo que no sirve nos limita. Si hago lo mismo de siempre, tendré los mismos resultados. Los problemas no se resuelven mágicamente; para que haya soluciones, debemos introducir cambios.

- **Lo que logré**

Es otra limitación. Lo que nos está frenando es lo que tenemos.

Esto se llama «zona de confort»: «Lo que alcancé», «Ya tengo mi negocio», «Mis hijos», «Me he acomodado», «Me he adecuado», etc. La acomodación es el peor enemigo para alcanzar la meta más importante.

La meta más importante que uno puede
alcanzar no es el dinero, no es la salud.
La meta más importante es cambiarse a sí mismo.

2. SIN TECHOS

¿Cómo rompo los límites?

No renunciando, permitiéndome a mí mismo alcanzar el objetivo. Cuando un sueño prende en nuestro corazón, nada nos hará renunciar a él.

Muchas situaciones generan dolor, pero habrá una que nos llevará hasta el límite de nuestra resistencia, nos quebrará, nos ocasionará un dolor intenso, una tristeza tal que diremos: «¡No puedo más!»

> Los límites de mi lenguaje son los límites de mi mente.
>
> Ludwig Wittgenstein

Sin embargo, los malos momentos son parte de la vida, pero, al pasarlos, habremos quebrado nuestros límites. Lo peor que nos puede pasar es que una situación difícil nos limite mental o físicamente.

No permitas que las crisis te pongan límites. Si te lo propones y no claudicas, sí o sí llegarás al otro lado.

No permitas que la locura y la maldad de otros te limiten. La voz del otro no tiene que ser un límite en tu mente.

No permitas que la gente establezca hasta dónde vas a llegar. Déjate impresionar solo por las cosas buenas. No necesitas pedir permiso.

No permitas que la gente te diga hasta dónde puedes llegar. Solo la fuerza de tu sueño determinará tu alcance. Cuando sepas bien quién eres, reconocerás a tus enemigos. El león determina los límites, no los pone.

Cada vez que te critiquen, debes saber leer la crítica, solo te están poniendo un límite.

¡No permitas que te limiten! No eres lo que te han dicho, sino lo que tú crees de ti mismo. Mira siempre hacia delante.

No importa el tamaño de tu enemigo ni quién sea; si eres capaz de no renunciar, el triunfo es tuyo. Tu presente no importa, tu mañana será mejor si continúas en la carrera.

No importa tu presente, mañana será mejor. Mantén lo que confesaste para tu vida, tus sueños, tus pasiones, tu búsqueda..., no importa cuánto tiempo demores. Tardes lo que tardes vas a llegar. Seguramente te dirán: «¿Hasta cuándo seguirás insistiendo?» Responde: «Hasta que se cumpla.» San Pablo dijo: «En una carrera todos corren, pero uno se lleva el premio.» Todos corren pero uno solo gana: aquel que no renunció.

> Un hombre que no se alimenta de sus sueños envejece pronto.
>
> William Shakespeare

No importa cuánto hayas vivido, pelea por tu sueño. No importa cuánto hayas perdido, vas en pos de cosas más grandes. Suelta lo bueno de tu ayer y lo mejor llegará. Suelta los éxitos de tu pasado y los que lleguen serán mucho mayores.

¿Cuántas flechas has disparado? La cantidad de flechas que seas capaz de disparar serán los éxitos que tendrás. ¿Cuántas veces eres capaz de decir «no me importa»? Nadie puede disparar por ti. Solo en tu interior serás capaz de tejer los más grandes éxitos. No te detengas, no dejes de golpear. No importa la edad que tengas, sigue disparando. «¿Hasta dónde aguantas?»

Siempre hay motivos para no renunciar y seguir luchando. Puedes estar a un metro de tu oro, de tu medalla, de tu galardón, de tu éxito, de tu familia, de tu salud. He leído en un libro que un señor compró una mina y encontró oro, sacó oro y excavó hasta que no hubo más oro, solo pura tierra. Entonces decidió vender la mina y la compró un amante de las minas. Este hombre excavó y a un metro de la superficie encontró el yacimiento de oro. De allí quedó la frase: «Estaba a un metro del oro.»

Nunca te quejes de tus problemas: al 95 por ciento de la gente no le interesan y el otro 5 por ciento se alegra de que los tengas.

Estás a un metro de ver tu sueño cumplido, estás a un metro de terminar esa tesis que aún no has concluido, a un metro de ese puesto que estás esperando, a un metro de llegar a la cima; no puedes renunciar porque estás a un metro.

Solo es capaz de realizar los sueños el que cuando llega la hora sabe estar despierto.

León Daudí

Estás a un metro de tu oro.

Y mientras estés transitando el camino hacia tu oro, no busques opinión, busca experiencia. ¿Sabes cuál es el problema? Que los seres humanos buscamos opinión. «¿Qué opina usted?» «Yo opino...»

Opinión es lo que piensa un ignorante; experiencia es lo que piensa alguien que ya pasó por eso. «Quiero escribir un libro, dame tu opinión.» Y te responden: «¡No!, es muy difícil.» Si buscas experiencia en alguien que ya publicó un libro, te va a decir: «Te va a pasar esto, fíjate bien, ten cuidado con esto, vas a lograr esto otro...»

¿Cuál es la diferencia? Que en la experiencia, la persona ya atravesó eso. Y el problema es que buscamos la opinión de todo el mundo, en lugar de buscar gente de experiencia. Cada vez que tengas un problema, no busques opiniones de gente que no haya pasado por lo que tú has pasado; busca experiencia para animarte y empujarte hacia delante. *«No renuncio porque estoy a un metro.»*

Mantente enfocado en cada nueva oportunidad que se presente. No permitas que nadie se lleve tu sueño.

Ten orgullo de tu proyecto, no renuncies. Sé leal a tu sueño, a tu objetivo. *No te rindas.*

10

LA LEY DEL 20/80

1. Primero ¡lo importante!

No podemos invertir el ochenta por ciento de nuestro tiempo pensando en el problema; debemos invertir el veinte por ciento en el problema y el ochenta en la solución, en pensar cómo resolvemos esto que tenemos por delante.

En la mayoría de los casos, nos quedamos atascados en los problemas, en lugar de pensar cómo resolverlos. Aun cuando sigas pensando en los problemas la mayor parte del tiempo, ellos seguirán allí. Las luchas estarán hasta el momento en que aprendamos lo que necesitamos asimilar de esa circunstancia. Aquello en lo que uno más piensa en aquello se convierte. Perder el tiempo es una de las peores cosas que pueden sucedernos.

Todos los seres humanos disponemos del mismo tiempo diario: 86.400 segundos por día. Este tiempo podemos usarlo y administrarlo o malgastarlo y dejarlo pasar. Todos tenemos veinticuatro horas, los buenos y los malos, los ricos y los pobres, todos sin excepción de raza y credo. El sol sale para todos. El dinero y la salud van y vuelven, pero el tiempo, no. El tiempo que pasó no vuelve. Por eso debemos pensar qué cantidad de nuestro tiempo estamos distribuyendo en las tareas que tenemos delante.

> **Escoger el propio tiempo es ganar tiempo.**
>
> **Sir Francis Bacon**

Podemos ocuparnos de ese ochenta por ciento que no nos trae los resultados que estamos esperando o podemos ocupar parte importante de nuestro tiempo en el 20 por ciento que nos traerá resultados extraordinarios. El tiempo es vida; es por ello que no hay nada peor en la vida que perder el tiempo.

Pensemos por un momento en aquellas cosas que nos hacen perder el tiempo y que nos distraen del foco y del objetivo a seguir.

- **La gente difícil**. La gente complicada siempre hace que nos desenfoquemos y perdamos el tiempo. No hay nada más bello que invertir la vida en lo que da resultado y nos apasiona.
- **Dudar permanentemente.** No se puede vivir dudando. Decimos: «¿Me amas? ¿Me vas a dejar? ¿Te gusta o no te gusta, de verdad te gusta? ¿Cuánto me amas? ¿Y por qué me amas?» Hay gente que vive analizándolo todo, continuamente.
- **Buscar una explicación para todo.** Algunas personas lo analizan todo buscando una explicación racional a lo que sucede.
- **Ser rígidos y llenos de ritos.** Hay gente que no puede sentir placer. Aprendamos a tener una mente sencilla. El obsesivo está en los detalles y se queda a vivir en los

detalles, pero si permaneces atascado en ellos no podrás pensar en grande ni ocuparte de lo que trae resultado y beneficio. Comencemos a pensar con una mentalidad de logro, no con conformismo. Los detalles nos hacen perder la dimensión de lo grande que tenemos delante.

- **La queja.** El que se queja, en realidad, no quiere resolver el problema y además se queja con quien no puede solucionar nada. La excusa es una explicación que te das a ti mismo para tener tranquilidad.
- **Posponer.** Posponer es dejar para más adelante lo importante, lo prioritario. Cuando se deja para mañana, eso es posponer. A veces puede ser bueno, pero hay hechos que al posponerlos se complican.
- **La culpa.** Cuando una persona siente culpa se privará, dirá: «No tengo tiempo para mí.» «A mí me encanta esto, pero no vale la pena.» «No lo puedo lograr.» Eso es culpa. Cuando nos ponemos a nosotros mismos un obstáculo, nos decimos: «No tengo capacidad», «No tengo dinero». Eso es culpa; porque la culpa siempre colocará un obstáculo para que no llegues al objetivo, o, al mismo tiempo, comenzarás a reprocharte a ti mismo: «¿Por qué hice lo que hice?», «¿Por qué dije lo que dije?», «Por qué me callé?», «Tendría que haber hablado, tendría que haber hecho esto o lo otro». Y el reproche no nos deja avanzar hacia el objetivo.
- **El miedo.** Muchas personas viven la vida con miedos prestados, y, cuando el temor es lo que los motiva, nunca se llega a la cima.

> **Nadie llegó a la cumbre acompañado por el miedo.**
>
> **Publilio Siro**

La montaña la escalan los valientes, no los cobardes.

2. SI HAY UN BOTÍN, AVANZO

Cuando mueran las culpas, las quejas, las excusas, asumirás el ciento por ciento de responsabilidad sobre tu vida, tendrás el control y aprenderás a administrar todo lo que te trae beneficios sabiamente.

De nada sirve alcanzar un objetivo y perderlo o abandonarlo después. Necesitamos aprender a administrar en todas las áreas de nuestra vida.

El concepto más poderoso que una persona puede tener es saber administrar las cosas que tiene en su poder. Cuando aprendemos a administrar nuestro tiempo, nuestros esfuerzos, multiplicaremos todo lo que tenemos.

Administración es un concepto clave en todas las áreas de nuestra vida.

Veamos seis principios para administrar de manera eficaz.

1. **Desarrollar una comunicación efectiva.**
   Un sultán soñó que había perdido todos los dientes; cuando despertó mandó llamar a un sabio para que interpretase su sueño. «¡Qué desgracia mi señor!», exclamó el sabio. «Cada diente caído representa la pérdida de un pariente de vuestra majestad.» «¡Qué insolencia!», gritó el sultán enfurecido. «¿Cómo te atreves a decirme semejante cosa? Fuera de aquí.» Llamó a su guardia y ordenó que le dieran cien latigazos. Más tarde pidió que trajesen a otro sabio y le contó lo que ha-

bía soñado. Este, después de escuchar al sultán con atención, le dijo: «Excelso señor, gran felicidad os ha sido reservada; el sueño significa que sobrevivirás a todos vuestros parientes.» El semblante del sultán se iluminó con una gran sonrisa y ordenó que le dieran cien monedas de oro. Cuando el segundo sabio salía del palacio, uno de los cortesanos le dijo admirado: «No es posible, la interpretación que habéis hecho de los sueños es la misma que el primer sabio, no entiendo por qué al primero le pagó con cien latigazos y a ti con cien monedas de oro.» «Recuerda bien, amigo mío», respondió el segundo sabio, «que en el decir todo depende de la forma: uno de los grandes desafíos de la humanidad es aprender a comunicarse; de la comunicación depende muchas veces la felicidad o la desgracia, la paz o la guerra».

2. **Tener una mentalidad multidireccional.**
Necesitamos ensanchar nuestra mente y elaborar muchas ideas, dejar atrás la mentalidad unidireccional. Busca más ideas de las que hoy tienes, no es «blanco o negro», «me quedo o me voy». Alimenta una *mentalidad multidireccional.*

Las ideas estimulan la mente.

Thomas Hobbes

3. **Crecer más que los resultados que perseguimos.**
La gente que crece menos que sus resultados acaba aplastada por ellos. El crecimiento y la multiplicación exterior se verán cuando tu interior haya sido multiplicado.

4. **Decidir por convicción.**
   No decidas por condición o situación, ni por lo que sientes, ni por lo que te parece o te gusta, sino inspirado por la verdad y el sueño que estás siguiendo. A la gente que sabe lo que cree le es más fácil decidir. No te muevas por el alma, las emociones, los sentimientos, ya sean buenos o malos, sino por convicción. No es fácil movernos por convicciones, pero sabemos que, si lo hacemos, todo lo que hagamos nos va a salir bien.

5. **Decidir trabajar excelentemente.**
   Excelencia es que rompas tu récord, que te superes. Excelencia es preguntarse: ¿Cómo puedo ser mejor padre?, ¿Cómo puedo ser mejor esposo de lo que hoy soy?, ¿Cómo puedo ser mejor gerente, mejor empleado, mejor amigo?... Cuando rompes tu propio récord, estás moviéndote en la excelencia. Excelencia no es hacer las cosas mejor que otro. *Excelencia es superarte a ti mismo.*

6. **Tener confianza en uno mismo.**
   Cuando una persona tiene su autoconfianza fracturada, esa persona se vuelve torpe. Una persona que tiene autoconfianza cree que puede hacer determinadas tareas, puede aprender a hacer nuevas tareas y corregir sus errores.

> La confianza en uno mismo es el secreto del éxito.
>
> Ralph Waldo Emerson

Una persona podrá ocuparse de su veinte por ciento cuando esté en situación de visualizar y discernir donde hay botín. Una persona eficaz pelea y lucha solamente si hay botín. *Si no hay botín, no pelees.*

Tu motivación tiene que ser más grande que el miedo que vas a tener en la batalla. Hay gente que libra batallas que no tienen botín, que no tienen sentido; hay gente que se pelea en la calle, por el tránsito, por los coches; hay gente que se pelea con la familia y no hay botín; hay gente que se pelea por trabajos donde no hay botín. *Tu motivación tiene que ser tu recompensa; tu recompensa tiene que ser algo grande.* Si vas a invertir tu tiempo y tu esfuerzo, debe ser en algo que valga la pena; en algo que te traiga resultados y te acerque a tu sueño.

El «botín» (amor, salud, prosperidad, ascenso, viajes, etc.) siempre debe ser el sueño que hay que conquistar.

11

LIDERA TUS PROYECTOS

1. Liderazgo con propósito

Lo mejor que podemos hacer por los demás no es enseñarles nuestras riquezas, sino hacerles ver las suyas. Una persona sana en su estima es una persona capaz de influir sobre los otros. Liderazgo es la capacidad de influir. Todos influimos sobre nuestros compañeros, nuestra familia, nuestro ambiente laboral, nuestro alrededor.

> **El liderazgo es la fortaleza de las propias convicciones, la capacidad de soportar los golpes y la energía para promover una idea.**
>
> **Benazir Bhutto**

Liderazgo no es poder, sino servir, y cuanto mayor sea el liderazgo que ejerzas, mayor responsabilidad tendrás.

Sin embargo, muchas personas nunca llegan a ser líderes por varios motivos.

- **Creen que liderar es mandar.** A la primera oportunidad en que alguien los nombra líderes la usan para lastimar, descalificar y maltratar. (Esa gente ya está descalificada.)

- **Se envanecen.** San Pablo dijo: «No pongas en el liderazgo gente neófita porque se envanecerán.» Hay mucha gente que es maravillosa hasta que recibe un aumento de sueldo; cuando tiene personas a cargo, nadie más puede decirle nada y deja de querer aprender.
- **Padecen sentimientos persecutorios.** Piensan que todo el mundo les quiere «quitar» el puesto. Tienen tanto miedo de que la gente pueda arrebatarles el sitio que finalmente terminan perdiéndolo.

Liderazgo es tener estrategias para alcanzar la meta. ¿Qué es estrategia? La estrategia es hacer fácil lo difícil. Te permite expandir lo que ya tienes. Estrategia es tu próxima meta, es lo próximo que quieres alcanzar. No basta solo con creer en todo lo que uno está haciendo, necesitamos formular los pasos a seguir.

La fe no anula la estrategia.

Necesitamos desarrollar una mentalidad estratega, necesitamos movernos con papel y lápiz para concretar los pasos que daremos para llegar a la meta. El problema del líder no es la presión, sino dónde decide poner la presión y en qué estará enfocado mientras dirige su proyecto.

Todo sueño depende de una estrategia, pero ciertamente la estrategia no es la base de un sueño. La estrategia que hayas creado puede ser excelente, pero solo el ánimo, el entusiasmo, la perseverancia y la dedicación son la base inconmovible de un sueño.

Anónimo

Analicemos entonces algunos aspectos que debe tener claros toda persona que aspira a un liderazgo político, empresarial, económico, familiar, personal, etc.

Deberá saber:

- *Dónde colocar la presión. Cuanto más te opriman externamente, más fuerza interna vas a tener. Cuanto más te ataquen, más fuerza, más carácter, más sabiduría, más poder y más ganas para seguir adelante.* Porque, a más presión externa, más fuerza interna.

- *Que en el lugar donde se falló inicialmente se presentará otra oportunidad.*

- *Practicar en lo privado lo que más tarde hará en público. Todo lo que uno aprende en privado, lo mostrará posteriormente frente a otros.*

- *Manejar los tres niveles de liderazgo:*

  1. Caminar con la gente.
  En el primer nivel estás con la gente, la cuidas, la amas, le preguntas, te interesas por ella...

  2. Delante de la gente.
  Vas a abrir camino, serás iniciador de cosas nuevas, para que los que vienen detrás encuentren el camino abierto.

  3. Por encima de la gente.
  Una vez que hayas aprendido a estar con la gente y delante de la gente, estarás capacitado para dirigir grandes masas y grandes proyectos. Estar por encima de la gente no es orgullo, sino ver más allá.

Las características de un líder de excelencia, explicadas por Myles Monroe,* un hombre lleno de sabiduría y conocimiento, son las siguientes:

1. Propósito

El propósito es el primer elemento que despierta el liderazgo en usted. El líder necesita tener una guía y una visión clara al mismo tiempo que poseer un sentido de destino y de significado con un profundo amor por la vida. Una persona que sabe que nació para alcanzar tal o cual objetivo no necesitará competir con nadie, por eso, al mismo tiempo que su propósito es único, no tiene problemas para someterse a la autoridad.

Lo primero que le trae a uno el liderazgo es entendimiento y descubrir su propósito en esta vida. Cuando una persona sabe para qué nació, se cancela la opinión de los demás. Eso significa que si uno sabe para qué nació, entonces nadie le puede hacer sentir celoso.

2. Pasión

Nunca serás el líder que estás destinado a ser hasta que estés poseído por la pasión para el propósito que has descubierto. Pasión es un control profundo que hace a un individuo consagrarse a un propósito que le guía, que se convierte en un asunto de amor en la vida. Cuando tienes claro tu propósito, desarrollas un amor con el destino, vas a dormir con ello en mente, despiertas por la mañana y ves tu sueño, y todo cuanto hagas tratarás de relacionarlo con él.

El líder ama lo que hace y ama haciéndolo.

* Tomado de un vídeo sobre liderazgo del Dr. Myles Monroe.

3. Integridad

Involucra tres cosas: autoconocimiento, madurez, conocimiento.

Integridad es ser verdadero contigo mismo, ser honesto con tus fortalezas y tu debilidad, ser honesto con lo que quieres hacer y el motivo por el qué quieres hacerlo. Un verdadero líder nunca trata de hacer lo que no puede. Eso es integridad, él conoce sus defectos y sus virtudes, lucha para descubrir su potencialidad y utiliza sus debilidades para alimentar su fortaleza. Un líder íntegro nunca se miente a sí mismo.

> **La integridad del hombre se mide por su conducta, no por sus profesiones.**
>
> **Juvenal**

4. Confianza

Nunca se puede ser líder sin inspirar confianza en los otros. La integridad es la base de la confianza, es un producto del liderazgo. La confianza es una cualidad que no puede adquirirse. La confianza debe ganarse. La confianza la otorgan las personas. Nadie puede pedir esa confianza, tiene que ganársela.

El líder no puede funcionar sin confianza, que es un producto del tiempo y la integridad.

5. Curiosidad y desafío

No podrás ser líder hasta que estés dispuesto a afrontar desafíos, probar cosas nuevas y desafiar las convenciones y opiniones de los demás. Nunca serás un líder hasta que decidas que lo que estás haciendo es lo más importante.

Si vives para conseguir la aprobación de otras personas, siempre serás un seguidor. Un líder no se preocupa del fracaso, por eso no tiene miedo de probar. Si entiendes para qué has nacido, esta será tu única medida de éxito. Un líder hace aquello para lo que nació. Lo que ocurra por el camino será un detalle temporal.

Es vital que las personas desarrollen su propio sentido de sí mismas y sus propios propósitos en la tierra. Es igualmente vital que prueben cosas nuevas y desarrollen su potencial. Los verdaderos líderes son dirigidos internamente, están seguros de sí mismos, son personas carismáticas.

2. EL LÍDER SE HACE

El hecho crucial para ejercer un liderazgo eficaz no es tener autoestima sino eficacia.

La autoestima dice: «Me lo merezco.»

La eficacia dice: «Sé que puedo.»

Muchos tienen autoestima pero no creen: «Acepto, pero no creo que pueda lograrlo.» No dejes que tu mente te gobierne, domínala. Elimina de tu mente las viejas y nulas creencias y proyéctate para tener una mentalidad de dueño. ¿En qué consiste tener una mentalidad de dueño? En tener un trabajo y cuidar las cosas como si fuesen nuestras, cuidar cada centavo y ocuparnos de que el otro crezca. Al tomar una decisión, piensa: «Estoy creando valor para mi empresa o trabajo.»

> **La prueba de toda verdad reside, sencillamente, en su eficacia.**
>
> **William James**

Esa manera de actuar hará de ti una persona digna de confianza, responsable, trabajadora y con un liderazgo eficaz. *Mentalidad de dueño es sentir que todo te pertenece y lo cuidas como si fuese tuyo.*

Aspira a ser un experto en lo que emprendes. Los que investigan las capacidades humanas dicen: «Solo necesitamos abarcar tres áreas, y ser expertos en ellas.»

Lo que haces bien puede ser el trampolín que te lleve a hacer lo que te gusta y a convertirte en un experto.

Desarrolla las áreas en que has decidido ser el mejor no compitiendo, sino superando tu propio récord.

Poseer lo que anhelamos tiene un costo, pero estás llamado a ser el mejor líder.

Amplía tu horizonte, arriésgate. Todo lo que empequeñece enfada y lo que expande agrada. Busca un referente y aprende, acumula experiencia y conéctate con aquellos que te llevarán más allá. Ensancha tu visión. Esa es la gente que llega a la cima. Ten visión de grandeza.

> **Visión es el arte de ver las cosas invisibles.**
>
> **Jonathan Swift**

La gente que tiene visión espera algo que hace años no estaba en su vida, pero lo espera en el monte, conectada, sabiendo que lloverá sobre sus vidas. Visión es ver adentro lo que se verá fuera; es ver lo que otros no ven y oírlo antes de que suceda. Reclama con autoridad todo lo que te pertenece. Ejerce autoridad sobre tu sueño.

Autoridad es poseer las cosas sin tenerlas.

Los grandes líderes esperan el «factor sorpresa». Dentro de ti está escondido el poder de abrir aquello que esperas. Dentro de ti hay una fuerza escondida extraordinaria.

Los grandes líderes siempre tendrán un as en la manga para llegar adonde se han propuesto, una acción que trabajará a su favor. Cuando sabes quién eres, las cosas vienen.

3. HASTA DONDE QUIERAS LLEGAR

Piensa y vive como el águila. La gallina come gusanitos, el buitre animales muertos, pero el águila come corderos vivos, peces vivos, ardillas vivas; las águilas no comen desechos, comen propósito, visión. Las águilas no mueren antes de llegar a su destino. A las águilas les molestan los cuervos, pero ellas nunca pelean. Las águilas tienen una visión extraordinaria. Ven a su presa desde una distancia de mil metros, van hacia ella, la toman y vuelan a ciento sesenta kilómetros por hora.

Las águilas vuelan más alto. Los cuervos siempre querrán molestarte, pero tú vuela más alto. Los cuervos pueden volar hasta una determinada altura, pero jamás pueden alcanzar la altura de las águilas. Por eso, cuando venga «gente» a desenfocarte, vuela más alto, sueña con algo más grande, camina y busca más.

Lanzándose desde la cima, un águila arrebató a un corderito. Al verlo, un cuervo trató de imitar al águila y se lanzó sobre un carnero, pero con tan mal conocimiento que sus garras se enredaron en la lana y, aunque batió al máximo sus alas, no logró soltarse. Viendo lo que sucedía, un pastor cogió al cuervo, cortó las puntas de sus alas y se lo llevó a sus hijos. Los niños le preguntaron qué clase de ave era y el padre les contestó: «Es un cuervo, pero cree que es un águila.»

La lealtad constituye el bien más sagrado del corazón humano.

Lucio Anneo Séneca

Y para finalizar, la característica por excelencia de un líder es la lealtad, al igual que las águilas.

¿Sabes cómo se enamora el águila?

El águila macho divisa a la hembra que lo atrae a lo lejos, se acerca a ella y trata de hacerse notar, pero al parecer no consigue interesarla; empieza a volar junto a ella y de pronto la hembra asciende a gran velocidad. El macho la sigue a la misma velocidad, luego ella desciende y toma en su pico una rama, nuevamente se eleva y, en medio de su vuelo, deja caer la rama. El macho se apresura a atraparla en el aire y se la entrega, pero ella ya no la quiere y continúa su vuelo. Él permanece a su lado, y, al cabo de un tiempo considerable, ella le ofrece una pata. Él la une a la suya, y, desde ese momento, establecen un compromiso formal y eterno, ya que ninguno de los dos se unirá jamás a otro, hasta el punto de que si la hembra muere dejando las crías, el macho se hace cargo de estas y las cuida él solo.

Sé leal a tu sueño, a tu propósito, a tu objetivo y sí o sí llegarás a la cima.

12

NEGOCIA CON SABIDURÍA Y EN PAZ

1. TODOS NEGOCIAMOS

Dentro de cada uno de nosotros reside la capacidad de negociar. Saber hacerlo es un requisito indispensable para poder crecer y lograr todo aquello que nos hemos propuesto.

No solo negociamos cuando discutimos un precio o cuando intercambiamos opiniones y tenemos que llegar a un acuerdo. Incluso en la pareja es imprescindible que aprendamos a negociar. Desde que nos levantamos hasta que nos acostamos, vivimos negociando.

Pero, antes de comenzar a negociar con los demás, es muy importante aprender a negociar primero con uno mismo. ¿Qué es lo que yo quiero? ¿Me merezco lo que voy a lograr? Porque si yo no negocio bien conmigo mismo, ¿cómo voy a negociar con el otro? Si yo creo que no me merezco algo mejor, ¿cómo voy a pedir un cargo de más importancia o que me respeten en mi familia...?

Primero, nos urge saber qué es lo que queremos y a dónde queremos llegar. Antes que nada necesito darme permiso para negociar conmigo mismo y decir «¡Sí! Yo me lo merezco, yo quiero esto.» Entonces, a partir de allí, podremos salir y negociar con sabiduría sabiendo en qué cederemos y en qué no haremos concesiones.

Negociar no es engañar, no es mentir, tampoco es hacer ostentación del poder; negociar es aprender a usar con sabiduría el poder, los recursos y la inteligencia que tenemos.

Tengamos en cuenta que «no llega el mejor, sino quien mejor negocia».

Si investigamos un poco quiénes son los que ocupan cargos de poder, de jerarquía o de liderazgo, nos daremos cuenta de que no son precisamente los mejores o los más inteligentes, sino que son aquellos que mejor aprendieron a negociar. En todos los aspectos y en todas las materias, no se llega por mérito; se llega por saber negociar mejor. Es por ello que tenemos que descubrir ese potencial innato que tenemos y que aún no usamos.

> **Jamás negociemos con miedo, pero jamás temamos negociar.**
>
> **John Fitzgerald Kennedy**

Negociar no es hacer trampas, sino usar esa capacidad con sabiduría.

La sabiduría es insustituible, y necesitamos de ella para aprender a negociar en paz y mantener una atmósfera de negociación positiva.

En una ocasión, un matrimonio de campesinos fue a la Universidad de Harvard. Ambos se sentaron frente al rector y le dijeron:

—Queremos poner una placa con el nombre de nuestro hijo que ha muerto.

—¡Señores! — respondió el rector—. ¿Ustedes creen que yo tengo tiempo para poner una placa para su hijo muerto?

Si yo pusiera la placa de todos los hijos muertos que pasaron por esta universidad, esto sería un cementerio.

Pero ellos volvieron otro día para explicarle:

—No queremos una placa, nos gustaría levantar un edificio.

—¡Ustedes están locos! —replicó el rector—. Eso valdría diez millones de dólares. — Y los echó de su oficina.

Según la historia, ese matrimonio de campesinos de apellido Stanford fue el fundador de la Universidad de Stanford. Si ese director hubiese sabido negociar y desarrollar la conversación en una atmósfera de paz, todo ese dinero hubiese sido invertido en Harvard.

Cuando se negocia, hay que hacerlo siempre manteniendo la calma y el dominio propio...

Un joven envió una carta a su padre, que vivía en otro Estado, dándole a conocer sus necesidades. Cuando el padre del joven leyó la nota, dijo:

—No le voy a dar absolutamente nada.

La mujer de este hombre y le preguntó:

—¿Qué te sucede?

—Mira lo que me ha escrito tu hijo —respondió el hombre y leyó con enfado la carta—: «Papá, deseo recibir algo de dinero de inmediato, necesito un nuevo par de zapatos y un nuevo abrigo, por favor, ya.» ¿Qué se ha creído? ¿Cómo me puede hablar así?

Pero su esposa, más tranquila, le dijo:

—No, ¡escúchame! —Y comenzó a leer la carta de forma suave—: «Papá, deseo recibir algo de dinero de inmediato, necesito comprarme zapatos y un abrigo, por favor, ya.»

Al escuchar esto, el padre se puso a llorar y dijo:

—¿Por qué no me lo pidió así mi hijo?

Aprendamos a negociar, manteniendo una atmósfera de paz. No seamos necios ni orgullosos. Mantengamos la calma mientras estamos negociando.

Cuanto más difícil es, es porque más cerca estoy.

2. PRINCIPIOS INTELIGENTES PARA UNA NEGOCIACIÓN EFICAZ

¿Sabes cuál es el momento más peligroso de un vuelo? ¿El despegue o el aterrizaje del avión? El hecho es que el momento más difícil y más peligroso es el aterrizaje; los momentos más difíciles son cuando estás a punto de llegar. Por eso, durante todo el proceso, pero mucho más al final, mantén la paz.

Aprendamos a negociar con sabiduría. Trata a los demás como esperas y quieres que te traten a ti. Trata bien a todo el mundo y, si en algún momento no recibes el trato que mereces, recuerda las veces que tal vez has tratado de igual forma a otro. Sé cortés con todos; negociar es saber usar el poder con sabiduría para llegar al lugar de nuestros sueños. *Y recuerda que todo lo que seas capaz de dar es todo lo que recibirás.*

En una ocasión, un hombre muy bueno que había sabido ayudar a toda la gente del pueblo, que había sabido negociar, se encontró frente al hecho de que un tornado había destruido su casa. Pero, apenas ocurrida la catástrofe, se le acercó un vecino y le dijo:

—Yo soy la persona a quien ayudaste cuando mi hijo es-

tuvo enfermo y me ayudaste también a encontrar un médico para él. Quiero decirte que tengo una maderera y toda la madera de tu casa te la daré yo.

Luego vino otro y le dijo:

—¿Te acuerdas de cuando me ayudaste a resolver un pleito que no me dejaba vivir en paz? Como yo tengo una tienda de electricidad, todas las instalaciones eléctricas y el material eléctrico correrán por mi cuenta...

Y así, sucesivamente, el hombre cosechó todo lo que había sembrado en otros.

Cuando eres un buen negociador, todo lo mejor y todo lo que necesitas estará a tu favor.

Leí en un libro una estadística de las veintidós peores cosas que un adulto le puede decir a un niño. Veamos algunas de ellas:

- *Nunca llegarás a nada.* (La más escuchada.)
- *Ojalá no te hubiera tenido.*
- *¿Cómo eres tan tonto?*
- *Eres un inútil.*
- *No te soporto.*
- *Estás mintiendo....*

Y, según otra investigación, estas son palabras que más queremos escuchar los seres humanos:

- *Te amo.*
- *Eres una buena persona.*
- *Puedes lograr lo que te propongas.*
- *Estoy contento de tenerte.*
- *Eres muy especial.*
- *Eres el número uno.*

Muchos padres dicen: «Mis hijos no me hablan.» El hecho es que primero debemos examinar qué y cómo les hablamos nosotros a ellos. Generalmente, inmersos en la prisa de todos los días, les decimos: «Lávate las manos, cepíllate los dientes, ve al baño, córtate el pelo, cámbiate la ropa, el botón de la camisa, cierra la puerta, limpia tu habitación, haz la cama, basta de dinero, deja de hacer ruido.» Y nuestros hijos nos dicen: «¿Qué?»

¿Cómo piensa una mentalidad pobre?

Piensa: «Hay muy pocas oportunidades y son para muy pocos; hay muy pocas posibilidades en este país y no son para mí.» ¡Falso! Un buen negociador pronuncia palabras de validación, de estima, sabe hablar con sabiduría porque sabe que la negociación no consiste en ganar-perder, sino en ganar-ganar, porque al ganar-ganar habrá tanta abundancia que ambas partes saldrán beneficiadas.

Si sabes negociar, serás llamado para liderar, para administrar negocios, serás buscado para manejar empresas y proyectos, porque cuanto mayor y mejor negociador seas, los grandes hombres de negocios, la gente exitosa, vendrán a por ti y te darán los mejores lugares y el mejor pago.

- *El que sabe negociar deja huellas para las futuras generaciones.*
- *El que sabe negociar sabe crear un buen clima familiar.*
- *El que sabe negociar recuperará todo lo que perdió o le fue quitado.*
- *El que sabe negociar sabe pedir.*
- *El que sabe negociar tiene mentalidad de abundancia.*
- *El que sabe negociar debe tener y conocer la mentalidad de aquel con quien quiere negociar.*

- *El que sabe negociar sabe llegar al lugar donde las cosas suceden.*
- *El que sabe negociar tiene una mentalidad de meta, de enfoque, de propósito.*

Cuenta una fábula de Esopo, que el Sol y el Viento, para comprobar quién era más fuerte de los dos, se desafiaron. El desafío consistía en ver quién era capaz de quitarle la capa al primero que pasara. El Viento sopló con toda su fuerza contra un viajero, pero, cuanto más se esforzaba, más se apretaba este la ropa, y, al sentir frío, se echó encima el abrigo. El Sol, sin embargo, no se esforzó demasiado, se limitó a lucir. El viajero, sudando, se quitó la capa y esbozó una sonrisa frente al Sol de la tarde. Concluye Esopo: «*La persuasión es más eficaz que la violencia.*» *Si no me ofendo, tendré habilidad para negociar.*

¿Qué es lo que más te ofende?

- *Que no te saluden.*
- *Un chiste, una broma.*
- *Un estigma.*
- *Un insulto.*
- *Una crítica.*
- *Un comentario de la familia.*
- *Que no te den las gracias.*

Para ganar, crecer y seguir creciendo, necesitamos dejar atrás todo aquello que no suma a nuestra vida, y dejar de lado todo lazo emocional que nos aleje del propósito por el cual estamos negociando: nuestro sueño.

Es necesario saber que solo aquel que sabe negociar siempre gana y llega a su objetivo.

13

CREA CONFIANZA

1. Me caes bien

Una de las cosas más poderosas que podemos tener los seres humanos se llama *confianza*. Todo avance necesita de ese «pegamento emocional»: una pareja no puede afianzarse si no hay confianza mutua; una relación de sociedad, de amistad, de trabajo, no puede establecerse si no hay confianza. La confianza tarda años en construirse y minutos en derribarse. Una mentira, un engaño, una traición, da un giro de ciento ochenta grados a lo que pensábamos, nos hace cambiar todo lo que habíamos creído y lleva a que aquella confianza que se construyó durante años se destruya.

Dentro de nosotros existe un poder, y este es «el poder de la confianza». El politólogo Francis Fukuyama investigó el tema de la confianza y reveló algo interesante. Este investigador descubrió que, cuanta más desconfianza hay, más dinero pierde un país. Hay una relación directa entre *confianza* y *finanza*. Él sostiene que cuanta más desconfianza hay, todo es más lento. Por ejemplo, si eres dueño de una zapatería y la gente no confía en tu mercadería, tus ventas serán mucho más lentas que las de aquel negocio cuyos zapatos son conocidos por su resistencia y calidad. Es decir, que *a mayor desconfianza, menor ingreso de dinero y viceversa.*

Sea cual fuere la relación, cuando hay desconfianza por alguna de las partes, todo es mucho más lento. Cuanta más confianza haya, más rápido funcionarás y más dinero ingresará a tu favor.

2. MÁS QUE CONFIANZA

La confianza es un poder fundamental para cualquier relación. Todas las relaciones —amistades, amigos, conocidos, socios, clientes— se basan en ella. La confianza es el pegamento humano, es aquello que nos conecta con el otro. Si hay confianza, habrá movimiento, inversiones, finanzas y relaciones interpersonales sanas y duraderas.

> **La fuerza es confianza por naturaleza. No existe un signo más patente de debilidad que desconfiar instintivamente de todo y de todos.**
>
> **Arturo Graf**

Cuando una persona es herida en su confianza, queda muy lastimada, porque la traición nos duele profundamente en el alma.

¿Qué pasa entonces cuando alguien pierde su confianza?

La persona se vuelve desconfiada, todo le resulta sospechoso. En Latinoamérica, el 92 por ciento de las personas no confía en los políticos; el 88 por ciento no confía en las empresas, y el 87 por ciento no confía en nadie. La desconfianza nos lleva a pensar que siempre hay un mensaje oculto que se debe desentrañar, se piensa que en todo ser humano hay una motivación oculta para lastimarnos.

Pero también nos encontramos con el otro extremo: gente crédula, que no toma los recaudos necesarios para entablar una relación ya sea amistosa o financiera.

En cualquier relación que establezcamos —de pareja, de amistad, empresarial o familiar— es necesario explicitar lo que esperamos de los demás. Todo contrato tiene una parte formal. Si el jefe dice: «Pablo, espero que te encargues de administrar las finanzas de mi empresa. Desde hoy ocuparás un nuevo cargo; cuando termine tu horario, pasa por la oficina de personal para firmar los papeles», está estableciendo un *contrato formal.* Sin embargo, hay también un contrato emocional, algo que no ha sido dicho a nivel emocional, y es que el jefe espera que Pablo ponga todo su empeño y trabaje ordenada y eficazmente en las finanzas de su empresa. En este discurso solo se ha explicitado lo formal, no lo emocional, y es allí donde comienzan los conflictos.

Tal vez este jefe espera que Pablo se quede a hacer horas extras y trabaje incondicionalmente en agradecimiento al nuevo cargo. El hecho es que este ha sido su pensamiento interno y, si Pablo no responde a esta creencia, el jefe se sentirá desilusionado, defraudado y su confianza habrá sido quebrada. Allí es cuando comienzan los conflictos, cuando los contratos emocionales no se satisfacen. Es por eso que, para establecer vínculos sanos con los otros, sea cual fuere el ámbito en que nos movamos, nuestras palabras deben ser claras y dar a conocer al otro cuáles son nuestras expectativas.

Los que han investigado el tema de la confianza dicen que hay tres cosas que tenemos que lograr para que la gente pueda confiar en nosotros:

1) *Carácter*

Carácter es transparencia y la transparencia activa la confianza. Cuando una persona no tiene agendas ocultas y no tiene dobles intenciones, cuando una persona se muestra tal como es, pone las cartas sobre la mesa y habla con claridad, esa persona inspira confianza. La gente que es como es y se muestra como es en verdad, genera confianza. El carácter tiene que ver con ser como uno es en todos los ámbitos. Este concepto está relacionado con ser íntegro. *La sociedad no quiere carisma, sino carácter.* Carácter es no tomar lo que no es de uno. Ser íntegro quiere decir *moverse por la verdad*, y la verdad siempre produce confianza.

El carácter de cada hombre es el árbitro de su fortuna.

Publilio Siro

Como dice la Biblia:

El que anda con integridad nunca resbalará.

En una ocasión, durante un partido de tenis en que estaba jugando un campeón, en un momento dado la pelota cayó fuera; el juez no pudo ver lo que había sucedido, pero el tenista que había arrojado mal la pelota dijo: «Yo vi que no entró.» Por decir la verdad, perdió el partido... pero el jugador ganó en credibilidad.

Carácter tiene que ver con ser uno mismo. Una persona íntegra siempre podrá extenderse, ya que la gente necesita poder depositar la confianza en el otro. Necesitamos volver a recuperar el valor de la palabra, y, más allá de que nos podamos equivocar sin intención, o decir algo equivocado sin intención, la integridad consiste en sostener siempre la verdad.

2) ***Capacidad***

Para generar confianza se necesita también tener capacidad. Si se produce un problema eléctrico en nuestra casa, de nada nos sirve un técnico que sea una excelente persona pero que nos queme toda la instalación porque no conoce el oficio.

La gente que se supera, que mejora, que avanza, que estudia, la gente que tiene mentores, genera confianza.

La persona que se capacita, que desarrolla sus competencias, que día a día crece, que supera su techo y mejora, es una persona digna de que le tengan confianza. ¿Por qué hay médicos que cobran una suma muy elevada por la visita y sin embargo nunca tienen un turno disponible? Se debe a que estos médicos han invertido toda su vida en mejorar: *la capacidad activa la confianza.*

3) ***Química***

Puedes ser una persona íntegra, una persona formada, puedes tener carácter, pero si no tienes química con los demás, es decir, una actitud positiva, todas tus relaciones terminarán quebrándose. Tal vez eres una persona que dice: «Yo siempre voy con la verdad por delante, cueste lo que cueste.» Y hacerlo no está mal, decir la verdad es lo mejor que podemos hacer; sin embargo, tenemos que tener tacto para dar a conocer la información que queremos que el otro capte.

El tema no es lo que tenemos, sino cómo usaremos el potencial que tenemos. Una persona está mucho más limitada por su falta de capacidad para transmitir una idea, un concepto, una opinión o un proyecto, que por no tener una inteligencia elevada.

En cualquier empresa —me comentaba un líder muy importante—, cuando un jefe va a ascender a un empleado al cargo de gerente, no solamente valora su integridad y su capacidad, sino que también tiene en cuenta que se lleve bien con los colegas que va a tener a su alrededor. Antes de ser ascendido, se observa la reacción del empleado cuando le dicen «No» a algo; si grita, si rompe o golpea puertas, si envía correos electrónicos anónimos, etc.

No basta con el carácter, hace falta la capacidad; y no basta con la capacidad, hace falta llevarse bien, saber decir las cosas, tener una buena actitud, saber cuándo hablar y cuándo callar. En suma: carácter, capacidad y química.

Si hay un secreto del buen éxito, reside en la capacidad para apreciar el punto de vista del prójimo y ver las cosas desde ese punto de vista así como del propio.

Henry Ford

Las investigaciones realizadas han concluido identificando a estas tres características como las condiciones indispensables para que una persona sea generadora de confianza. Si estas tres están presentes en nuestra vida, es ciento por ciento seguro que todo emprendimiento, toda relación que comencemos, terminará siendo exitosa y crecerá permanentemente.

Nuestra vida está en nuestras manos, no en las manos de nuestros genes, ni en nuestro ADN, sino en la capacidad que día a día desarrollemos para dar a conocer nuestro potencial y así poder manejarnos eficazmente en todo lo que hagamos.

Capacidad, carácter y química te permitirán ser un pionero. ¿Qué es ser un pionero? Pionero es alguien que abre caminos, también es aquel que paga las consecuencias porque ha hecho algo que nadie había hecho jamás, y ahora todo el mundo pasa por ese camino. Estas tres condiciones te permitirán ser un pionero de proyectos, de metas, de emprendimientos, de sueños. Y no solo serás un pionero sino que estas características te permitirán concluir todo lo que hayas comenzado.

14

DELEGA SIN DEJAR DE SUPERVISAR

1. ¡CON TODO NO PUEDO!

Más importante es enseñar a pescar que dar el pescado.

Dar pescado es fácil, pero no lo es tanto tener la capacidad de enseñar al otro a usar la caña para que pueda proveerse el alimento.

Una persona eficaz, una persona que está segura de lo que tiene dentro de sí y de su potencial, sabe que debe delegar. De no hacerlo, se encontrará con límites, llegará a un techo máximo y allí se detendrá. Uno no puede estar en todos los lugares al mismo tiempo, pero sí puede enseñar a los otros a trabajar en equipo y en pos de una misma meta.

Necesitamos aprender a delegar, pero siempre tenemos que chequear y supervisar la tarea.

Al terminar el día, revisa todo lo que ha sucedido en tu negocio, en tu casa, con tus hijos, en tu matrimonio. Si uno es dueño de una empresa o tiene un pequeño negocio, debe saber cuántas personas han ingresado en su lista de clientes y cuántas han dejado de pertenecer a su listado. Si al revisarlo se observa que de repente uno ha perdido el 30 por ciento de la clientela, es porque algo no se ha hecho de la manera correcta. Si cada día uno revisa y analiza su proyecto, tendrá la posibilidad de crear una estrategia para retener a aquel cliente dudoso y podrá así efectuar a tiempo los cambios necesarios.

Al hacerlo, estaremos en condiciones de tener frente a nosotros diferentes opciones para llevar a cabo.

2. SUPERVISAR DÍA A DÍA

Necesitamos aprender a dirigir, a accionar, sin dejar de tener una mentalidad supervisora. Si dejamos pasar el tiempo, puede que sea tarde cuando nos demos cuenta de los errores. En la vida profesional sucede lo mismo que muchas veces pasa en los matrimonios. Tal vez la pareja está atravesando un período de crisis, y, cuando llegan al terapeuta en busca de ayuda, ambos comentan que hace más de veinte años que no sienten atracción el uno por el otro. Ahora bien, *¿no habría sido mucho más fácil resolver un conflicto al cabo de unos meses de presentarse, en vez de al cabo de años y años que se suceden sin cambios?*

Un sabio llamado Salomón dijo: «*El avisado es alguien que observa y, cuando viene el mal, huye.*»

¿Qué quiere decir eso?

Necesitamos revisar todos los días cómo ha ido nuestra vida. Un líder lo revisa todo cada día. Pregúntate:

¿Cómo ha actuado hoy mi departamento de trabajo, mi proyecto, mis objetivos?

¿Ha habido ganancias o pérdidas?

¿Me he acercado a mi objetivo?

¿He podido resolver los conflictos que se han presentado?

Si dejas pasar un problema sin resolverlo semanas y semanas, con el correr del tiempo no tendrás un solo problema, sino muchos, y cada vez será más complicado encontrarles una solución.

He leído que la muralla china se creó con el objetivo de proteger a China de la invasión de los mongoles y otras tribus. ¿Y qué sucedió? Que estos no lograron destruir la muralla, pero sí sobornar a los que cuidaban las puertas y por allí lograron penetrar en el imperio.

Así es como perdemos la mayoría de las veces. No a causa de grandes errores, sino por las pequeñas cosas que dejamos pasar y que no hemos supervisado.

•

Este es un principio sumamente antiguo; es más, nació con la creación del mundo. Cuando Dios creó la Tierra, dijo: «Bueno.» Cuando creó a los animales, dijo: «Bueno.» Cuando creó al hombre, dijo: «Muy bueno.» Dios no lo creó todo en siete días y después se sentó a revisar lo que hizo; cada día comprobaba toda su creación.

De igual modo, debemos comprobar no solo nuestra vida laboral, sino también nuestra vida emocional y espiritual.

¿Cómo están tus hijos? ¿Qué relación tienes con ellos?

¿Y con tu pareja?

¿Y con tus padres?

¿Y con tus sueños?

¿Y con tu equipo de trabajo?

¿Qué es lo que ha estado funcionando bien? ¿Qué no ha funcionado? ¿Qué habría que mejorar? ¿Qué habría que cambiar?

> Hay una ley de vida, cruel y exacta, que afirma que uno debe crecer o, en caso contrario, pagar más por seguir siendo el mismo.
>
> Norman Mailer

¿Estás avanzando, afianzas lazos, te conectas de una manera cada vez más eficaz con los otros, o tu red de relaciones interpersonales es cada vez más estrecha?

Si queremos avanzar y crecer, debemos tomar conciencia de que necesitamos multiplicarnos cada vez más. Para crecer, necesitamos expandir nuestro círculo, siempre fijándonos en quiénes dejamos entrar para que se unan a nuestro equipo. Sin embargo, habrá un momento en que, si no abrimos más y más el juego, llegaremos al tope y lo que antes hacíamos excelentemente comenzará a ser deficiente.

Recibimos abundantemente hasta que la mente llega a un punto de ineficiencia; el espíritu tiene la capacidad de soñar y alcanzar el mundo, pero el cuerpo y la mente no; por lo tanto, es aquí donde necesitamos comenzar a delegar sin dejar de supervisar.

Delegar significa poner en otros lo que tenemos.

La recompensa será más trabajo, pero, si no delegamos, llegará un momento en que nuestro crecimiento se detendrá. Llegará un momento en que nuestro cuerpo dirá ¡basta! por no haber podido delegar la tarea.

Delegar no es negar, ni abandonar, ni es vagancia; es poner en otro, es expansión. Es saber que al hacerlo vendrá algo más grande.

Si la visión es grande, la expansión será grande.

Delegar no significa pasar de la tarea y olvidar; delegamos la tarea, pero nunca la responsabilidad; por lo tanto, debemos supervisar que se realice.

Hay cosas que son indelegables, por ejemplo, yo no puedo delegar la visión de mi proyecto, de mi empresa, pero sí puedo delegar las tareas en los gerentes, en los jefes, en los supervisores. Al hacerlo también les estaremos dando a los otros la oportunidad de crecer y de que puedan dar a conocer todo el potencial que tienen dentro de ellos.

Para recibir cosas mayores, debemos cambiar la mentalidad. No tengas miedo de delegar, nadie te robará lo que te pertenece, la capacidad de guiar a otros, de dirigir un equipo de trabajo. Lo que te pertenece no se puede robar, es tuyo. Solo las personas inseguras no se animan a delegar.

Las personas cambian cuando se dan cuenta del potencial que tienen para cambiar las cosas.

Paulo Coelho

¿Quieres más?

Si la respuesta es sí, tienes que vaciarte para volverte a llenar de todo lo nuevo, de nuevas ideas, de nuevos conceptos, de nueva tecnología, de todo lo de avanzada. Cuando una persona es segura no tiene miedo de dar, porque sabe que, cuanto más da, más recibirá. Este es un principio que ha sido puesto en práctica por muchísimas personas de éxito y sobre todo por gente de gran poder económico.

Cuanto más des, más volverá a tu mano. Aplícalo y todo lo que hagas nunca tendrá límites.

15

GENERA UN IMPACTO EMOCIONAL POSITIVO

1. Nunca es tarde

Las personas que luchan por un sueño, por un objetivo, saben que, mientras hay vida, hay una nueva oportunidad

- en lo afectivo
- en lo económico
- en lo familiar
- en la salud
- en los sueños
- en los proyectos
- con los amigos.

Todos nacemos con un potencial, con recursos internos y con aquellos que hemos adquirido para ser capaces de originar cambios. Liderar, administrar, dirigir, implican cambio.

> **El porvenir pertenece a los innovadores.**
>
> **André Gide**

Es por eso que en todo proyecto que comiences necesitarás ser flexible con los cambios. Ser una persona generadora de cambios no es un título que se obtiene en alguna universidad. Es ser una persona que ha entendido que si algo no funciona, hay que cambiarlo, que si sigue haciendo lo mismo, obtendrá los mismos resultados. Una persona que cree en sí misma y apuesta por su proyecto y por su grupo sabe que habrá un momento en que deberá cambiar la manera de hacer las cosas.

Todos los seres humanos tenemos una manera de hacer las cosas. En psicología, eso se llama «cultura organizacional». Todos hemos aprendido a hacer las cosas de una determinada forma. *Cultura es la manera de hacer las cosas, es un hábito.*

No hay nada más difícil que cambiar la cultura, la manera de hacer las cosas; sin embargo, una persona con potencial, con capacidad de cambio, tiene la habilidad necesaria para desterrar todo aquello que no hace con excelencia a fin de dar lugar a lo bueno y a lo mejor.

Veamos cómo se mueve una persona que da lugar a las nuevas oportunidades:

Para empezar, llega media hora antes del comienzo de las tareas que desarrolla. No importa la tarea que tengas por delante, todo hay que hacerlo con excelencia, y cuando improvisamos nos exponemos a no poder supervisar las tareas con tiempo.

Acepta los riesgos, toda la vida no es sino una oportunidad. El hombre que llega más lejos es, generalmente, el que quiere y se atreve a hacerlo.

Dale Carnegie

Un generador de cambios es una persona fuerte. El dolor, las emociones, no pueden interponerse en la tarea que estés desarrollando, ya que uno mismo es quien debe generar un impacto emocional positivo en el ambiente en el que se encuentra.

Un buen líder no trata de impresionar
sino de impactar afectivamente.

Cuenta una historia real que, en una ocasión, una mujer viajó a Hong Kong, pero allí le robaron, por lo que decidió irse a Dinamarca, pero allí también se lo robaron todo, incluso el pasaporte. Llamó entonces a la embajada de Estados Unidos para poder regresar a su país. Así fue que la embajada le consiguió un vuelo para que volviera a casa. Y mientras la señora estaba sentada en el avión comenzó a llorar. Al verla, la azafata le preguntó que qué le pasaba. La pasajera respondió contándole toda la aventura. Terminada la conversación, la azafata le dijo: «¡Déjeme ver qué puedo hacer!» La mujer pensó: «¿Qué va a hacer?, si me lo robaron todo, estoy en el avión, me quiero ir a mi casa.» A los diez minutos regresó y le propuso: «Pase, ya he hablado con mi supervisor, la vamos a pasar a primera clase para que viaje más cómoda.» Esta mujer cuenta que, a pesar de su tristeza, pensó que jamás dejaría de ser leal a esa compañía de aviación, dado que alguien, en medio de su dolor, le había brindado un pequeño mimo con ese gesto inesperado.

Un buen líder genera impactos emocionales positivos.

2. VUELVE A EMPEZAR UNA Y OTRA VEZ

La gente que está abierta a las nuevas oportunidades sabe que puede transformar la realidad en la que se encuentra. Tal vez haya una zona de nuestra vida que no funciona como tendría que funcionar, ya sea en lo emocional, en lo físico o en lo laboral. Sin embargo, en nuestro interior existe la capacidad de cambiar todo aquello que no funciona.

Si pierdo el partido, hay otro partido.
Y si pierdo el campeonato, habrá otro campeonato.
Y si pierdo el mundial, en cuatro años habrá otro mundial.
Siempre habrá nuevas oportunidades.

Si permanecemos atentos, siempre se abrirá una nueva ventana o habrá una nueva puerta que nosotros mismos podemos abrir. Solo necesitamos incorporar a nuestra vida hábitos y actitudes que nos posicionen delante de las grandes oportunidades. Para ello:

> **La vida es la única oportunidad que tenemos de hacer algo que valga la pena.**
>
> **Anónimo**

- ***Seamos potenciadores de pasión***. La gente exitosa potencia su pasión.
  Hay etapas, como el enamoramiento o la niñez, donde se puede identificar con claridad la pasión, pero ese potencial no se debe perder. Te encuentres en la edad que te encuentres, sé apasionado en todo lo que haces.
- ***Seamos humildes y veloces***. Humildad no es tener los zapatos rotos; humildad es tener ganas de aprender. La gente triunfadora es la que tiene muchas ganas de aprender.

Imita lo bueno y mata la «burocracia mental». Hay gente que es rápida para aprender, pero le cuesta desaprender cosas malas.

- ***Seamos serviciales.*** Cuando te compras algo es porque te sirve; pero cuando ya no te es útil, dejas de usarlo. *Las relaciones sociales se basan en la utilidad.* La gente útil es la gente que sirve; el servicio es una utilidad. Sé extraordinariamente servicial.
- ***Busquemos gigantes.*** Elige, imita, iguala, supera y reproduce a los mejores. Sigue a los mejores y llegarás lejos.
- ***Seamos tenaces y persistentes.*** Mantente firme en la palabra, en tu sueño, en tu proyecto. No importa lo que te han dicho, mantén la decisión de lo que te determinaste a alcanzar. No importa lo que hayas perdido, tienes enfrente la oportunidad de alcanzarlo. Pelea por lo tuyo. No dejes de golpear. *Dime cuánto dolor soportas y te diré cuánta será tu victoria.* De acuerdo a tu nivel de resistencia, será tu nivel de éxito.

> **Tú eres aquello por lo que peleas.**
>
> **Milton Ruiz**

- ***Sepamos pedir.*** No importa que te hayan dicho que no, sigue pidiendo, pero con *sabiduría*. ¿Qué quiere decir «con sabiduría»? Significa buscar el momento apropiado. A veces, cuando el otro está en un apuro, cuando estamos en crisis, cuando es de noche, no es el momento ideal. Cuando el otro no puede prestarte atención porque está cansado, o porque está preocupado por mil cosas, no es el momento para pedir. Hay que pedir con sabiduría. Cuando pedimos, tenemos que pedir con *precisión* y *amabilidad*. Por ejemplo, «Por favor», «Necesito», «Te pediría...». Porque cuando te diriges al otro con amabilidad y precisión, entonces el otro podrá ayudarte.

Y ¿sabes cuál es la mejor manera de pedir?

- *Cuando tú primero das.*
- *Cuando ofreces algo.*
- *Cuando puedes conectar con el otro.*

Dar y recibir: este es un principio poderoso y exitoso. Cada vez que des, estarás abriendo una puerta a una nueva posibilidad.

No importa la edad que tengas; para aquellos que se mueven, siempre hay nuevas oportunidades. Habrá oportunidades cada vez que te muevas, a pesar de las dificultades; cada vez que rompas con el conformismo y la comodidad. Habrá presión, ¡claro que sí!, pero también habrá una nueva oportunidad. Existe una inconformidad positiva, que es la que te lleva a ir por más, y una inconformidad negativa, que es la gente que se queja. Elige ser de los inconformes que *proponen soluciones*; ellos son los que sabrán capturar las mejores oportunidades.

Cada día es una oportunidad de salir a la calle y enfrentar al viento. Los sueños a veces se hacen realidad, dale tiempo al tiempo.

Fito Páez

Las mejores oportunidades llegarán cuando menos lo esperamos. *Existen grandes oportunidades en lugares insólitos, solo tienes que ir a buscarlas.* Hay un lugar físico asignado con tu nombre, una oportunidad que está esperándote. Sé obsesivo de lo bueno, da a tus hijos, a tu matrimonio, a tu país, otra oportunidad. Pero, por sobre todas las cosas, date a ti mismo *nuevas y buenas oportunidades*.

16

ADMINISTRA EFICAZMENTE LA PRESIÓN

1. Mi cabeza estalla

Cuando una persona tiene un sistema inmunológico sano, vive mejor, vive más y se siente feliz. Sin embargo, a diario nos encontramos sometidos a un estrés que perjudica nuestro sistema inmunológico.

Veamos entonces a qué llamamos estrés, palabra que usamos rutinariamente.

Si se te cae el cabello, te dicen que se debe al estrés; si engordas, te dicen que es a causa del estrés; si te duele la cabeza, es el estrés; si tienes problemas digestivos, es el estrés...

Todo se debe al estrés. Definamos entonces este concepto para darle el significado que realmente tiene.

¿A qué llamamos estrés?

A la dificultad a que nos enfrentamos al manejar aquellos hechos que nos ocasionan presión.

Seguramente, en medio de un proyecto, de un emprendimiento, te encuentres bajo presión, con dificultades, con trabas, con personas que primero te dijeron que sí pero que en el momento en que los necesitas, se contradicen.

Sin embargo, es en el momento de presión y de crisis cuando damos a conocer lo que tenemos dentro de nosotros, las agallas, la pasión que, a pesar de la tensión a que nos encontramos, nos impulsa a perseguir nuestros objetivos.

Los objetivos son los ingredientes que dan propósito a nuestra vida.

Anónimo

2. BAJO PRESIÓN... ¡SABIDURÍA!

El doctor Grahan Jones dice en su libro: «*Los campeones de élite no son personas más dotadas que el resto, sino que han aprendido a amar la presión debido a que los impulsa a lograr más; están enfocados internamente y autodirigidos, se concentran en la excelencia y se olvidan del resto; no se dejan distraer por las victorias o fracasos de otros, ni tampoco por las tragedias personales; porque ellos están enfocados a largo plazo.*» A los campeones les encanta la presión.

Debemos aprender a manejar las presiones, ya que, de no hacerlo, terminaremos enfermando. El doctor López Rosetti, cardiólogo y especialista del estrés, afirma que la plataforma emocional de casi todas las enfermedades es el estrés.

Sin embargo, la presión y la preocupación pueden ser buenas, porque envían sangre a los pies y a las manos para pelear o para escapar, para luchar o para huir. Pero cuando el estrés es permanente, el cuerpo genera una sustancia llamada cortisol, que por encima de cierto nivel es perjudicial para nuestro organismo.

Las presiones son buenas, las preocupaciones son buenas; pero, cuando son excesivas, son un veneno que mata.

Algunas de las enfermedades que, según los médicos, provoca el estrés son las alergias, las urticarias, los eccemas y el asma, que aparecen cuando nuestro cuerpo genera constantemente cortisol, debido a lo cual el sistema inmunológico queda dañado y en vez de destruir las células tumorales, por ejemplo, destruye las células sanas, provocando así mecanismos de reacción alérgica a cualquier cosa.

También la mayor parte de los dolores de cabeza y las migrañas están provocados por el estrés, así como el bruxismo, es decir, dormir apretando los dientes o haciéndolos rechinar.

Los dolores de espalda, la fibromialgia, la artritis y la tendinitis, al igual que los problemas gastrointestinales, son causados, en la mayoría de los casos, por el estrés.

Por eso es tan necesario que aprendamos a manejar la preocupación y la ansiedad.

¿Qué pasa cuando una persona está constantemente ansiosa?

Genera pensamientos obsesivos, los cuales frenan el objetivo que se haya propuesto.

La ansiedad es un arroyito de temor que corre por la mente. Si se le alimenta, puede convertirse en un torrente que arrastrará todos nuestros pensamientos.

A. Roche

Necesitamos distinguir bajo qué presión nos encontramos, porque, como he señalado anteriormente, no todas las presiones son malas. Estaremos sometidos a presión si dirigimos una empresa con cincuenta o cien personas a nuestro cargo, si nuestra agenda no tiene un solo momento libre, si todos los días tenemos que comenzar algún proyecto, pero esa presión es positiva. Si tienes a tu cargo proyectos, desafíos, siempre habrá presión.

Si quieres que alguien defienda algo, dáselo al que lo fundó, al que lo creó, al que estuvo bajo presión y atravesó todo lo que se le puso por delante para llegar a la meta.

La presión te desafía. Todo aquel al que le cuesta llegar a su objetivo, alcanzar su sueño, disfrutará de una manera increíble cuando llegue a la meta. Solo el que cree en su sueño lo va a defender con uñas y dientes. Únicamente tú sabes lo que te costó llegar, lo que te costó realizar ese sueño.

Todos los hombres exitosos estuvieron sometidos a diversas formas de presión y tuvieron preocupaciones, pero supieron manejar la situación.

3. PRESIONES EXITOSAS

En una entrevista, Tiger Wood dijo con respecto a sus «aventuras»: «Me sentí tan presionado que sentía que tenía derecho a darme esos gustos.»

Y aquí es cuando la presión puede traerte problemas mayores que la presión a la cual estabas sometido. No todo lo que te trae alivio es bueno. Por alivio se comienza con las adicciones, por alivio nos equivocamos en las palabras que decimos, por alivio somos infieles. Es necesario poner el freno antes de que la tensión escape a nuestro control.

Necesitamos distinguir bajo qué presión nos encontramos para manejarla con eficacia.

Las presiones pueden enfermarnos, pero también desafiarnos a alcanzar un nuevo nivel de éxito.

Frente a la presión, no abandones, tienes que saber que, después de luchar por tu objetivo, vendrá un tiempo de descanso y de disfrute.

Es ignorancia no saber distinguir entre lo que necesita demostración y lo que no la necesita.

Aristóteles

- **Después de cada logro, ¡descansa!**
  Todo debe cumplir su ciclo: presión-descanso; presión-descanso.

  No podemos estar permanentemente bajo presión, también tenemos que aprender a cuidarnos y reponer energías.
  El descanso hará que te recuperes, que vuelvas a llenarte de pasión y de sabiduría para comenzar con mayor inteligencia el nuevo desafío que tengas por delante.

Ser sabio es saber administrar la presión.

- **Busca premios que te motiven.**
  Aprende a motivarte. Busca el premio, la recompensa, ya sea emocional, laboral o espiritual, en cada empresa que comiences. Siempre hay un premio. La merecida recompensa te motivará para ir por más.
  Cuando visualices el premio que viene, la presión será momentánea y sabrás administrarla.

Todo funciona en este mundo, si lo sabes administrar.

Anónimo

- **Libérate de todos y de todo.**
  Aléjate de las voces externas que anuncian fracaso, únete a tu sueño, a tu proyecto. Cuando puedas soltar lo externo, tu voz interior te dirá: «¡No abandones!, falta poco, ya llegamos, ¡un poco más y llegamos!»

Piensa cuáles son tus presiones y preocupaciones, defínelas, y, cuando lo hayas hecho, pregúntate:

¿Vale la pena que siga dándole vueltas a este asunto?
¿Vale mi tiempo y mi esfuerzo esta presión?
¿Adónde me lleva esta preocupación?

Y una vez que diferencies una presión enfermiza de una presión que te acercará a lo que estás soñando y que es propia del nivel de liderazgo y de proyecto en el que te encuentras, respira profundo, llénate de paz, y sigue en pos de la meta. Cuando cada desafío que emprendas esté lleno de tu convicción interior, de tu seguridad y de paz, el estrés solo será un escalón para sortear, pero jamás un obstáculo para no llegar a lo que te has propuesto.

Recuerda que una vez que llegues, vendrá un tiempo de descanso, de disfrute y de recompensa.

17

UTILIZA EL «SÍ» Y EL «NO» CON FIRMEZA

1. Ambiente libre de tóxicos

Nadie tiene problemas con su perro o su gato, todos los problemas que tenemos son interpersonales, ya que siempre hay gente involucrada. Lo mejor y lo peor viene de la mano de la gente.

En los mejores recuerdos participaron personas; en los peores recuerdos también. Cuando pienses en tu peor herida o en tu peor llaga, en tu día más luminoso y gratificante, vas a descubrir que hubo gente en tu vida.

En esos momentos habrás albergado a gente tóxica que tiene como objetivo amargarte la existencia, humillarte, destruirte, y gente sana que camina por la vida enfocada hacia su meta, gente dispuesta a hacer el bien cuando está en sus manos el poder hacerlo.

La fuente de mayor satisfacción y la de mayor frustración vienen de mano de la gente.

La humillación es una de las experiencias universales más dolorosas. El diccionario dice que ser humillado es sentirse rebajado, desvalorizado, sometido, vejado, ultrajado por el otro.

Humillar no es lo mismo que hacer una broma; la humillación tiene como objetivo destruir a una persona, destruir su corazón, su vida, sus sueños. En fin, gente tóxica que tiene el propósito de complicar y lastimar la vida de los otros; gente que se ha propuesto, a través de diferentes artimañas, dañar la vida de los demás.

¿Cómo?

- *Menospreciando:* descalificando al otro. Cuando alguien te descalifica con el objetivo de destruirte, te está humillando. Puede descalificar tu manera de vestir, tu manera de hablar, tu familia, despreciar tu educación, el lugar donde trabajas, menospreciar tu religión o tu fe.

- *Difamando:* ofendiendo el honor de una persona. Cuando inventan una calumnia, un chisme, un rumor... es que quieren destruirte.

- *Sintiendo vergüenza:* si alguien se avergüenza de ti, te está humillando. Hay padres que se avergüenzan de sus hijos, tal vez de su manera de hablar, de su peso. La culpa no es lo mismo que la vergüenza; la culpa es: «Hice algo malo, me siento mal»; la vergüenza es: «Soy malo.» El vergonzoso no ha hecho nada malo, pero se siente malo.

- *Controlando:* cuando quieren saber dónde vas, con quién hablas, a qué hora vienes, controlar tu vida económica, cuando te dicen de quién puedes enamorarte y de quién no, qué puedes estudiar y qué no, te están humillando.

Y cuando una persona es humillada, su primera actitud será esconderse, se sentirá inútil, y comenzará a menospreciarse; dará poder a las palabras que recibió de las voces externas. Sin embargo, no hay humillación que pueda vencer a alguien determinado a alcanzar su propósito.

> **Los objetivos son ingredientes que dan un propósito a nuestra vida.**
>
> **Anónimo**

No vivas con llagas; una llaga es una herida abierta. Si tienes una debilidad, vendrá alguien tóxico a aprovecharse de tu talón de Aquiles. Tu baja estima puede ser usada por otro en tu contra; es por eso que necesitas sanar tu herida hasta que se forme una cicatriz y no duela más.

2. Huyendo de la toxicidad

Para ser libre de la gente, debes comenzar por no hacer lo que no te gusta que te hagan. Cada vez que te concentres en ver los defectos de los demás, en demostrar sus errores, estarás haciendo lazos con ellos.

- **Si miras los defectos de los demás, otros mirarán tus defectos.**
  Lo semejante atrae lo semejante y lo que uno siembra es lo que cosecha; si evalúas, juegas y criticas los defectos de los demás, otro se tomará el mismo derecho de evaluar los tuyos.

Cuando empiezas a mirar los defectos del otro, no solamente te ligas a esa persona, no solamente pierdes el tiempo, sino que esto permite que otros invadan tu vida y vean tus propios defectos. Cuando miras los defectos del otro, pierdes de vista este objetivo.

- **Cuando criticas estás permitiendo que otros te enjuicien.**
Nunca critiques a los demás, porque hoy esa persona puede estar en desventaja, pero mañana puede ser tu jefe. Cuando miras los defectos de los demás, estás revelando que ese es el defecto que está en tu vida, porque muchas veces una acusación es una autoconfesión.

- **Lo que no toleras en ti es lo que ves en el otro.**
  - Cuando los demás no hacen nada, son vagos; cuando tú no haces nada, es porque estás muy ocupado.
  - Cuando los demás se deciden a favor de un punto, son cabezas duras; cuando tú lo haces, estás siendo firme.
  - Cuando los demás no saludan, son unos antipáticos; cuando tú pasas sin saludar, es porque eres distraído.
  - Cuando los demás hablan de ellos mismos, son egoístas; cuando hablas de ti, es porque necesitas desahogarte.
  - Cuando los demás se esfuerzan por ser agradables, tienen una segunda intención; cuando tú actúas de esa manera, eres gentil.
  - Cuando los demás hacen alguna cosa sin orden, se están excediendo; cuando tú lo haces, es iniciativa.

- Cuando los demás progresan, han tenido suerte; cuando tú progresas, es fruto de mucho trabajo.
- Cuando los demás luchan por sus propios derechos, son invasivos; cuando tú lo haces, es señal de carácter.

Todos tenemos defectos. Esa es una de las mejores revelaciones que nos hará libres de mirar los defectos de los demás. Solo tienes que desarrollar una mentalidad a prueba de veneno. De esa gente, de los tóxicos, debes huir.

No camines con gente tóxica. Aléjate de la gente que enferma porque hay gente con problemas y hay gente problemática. Ama a todos, pero no trabajes con todos. Elige a aquellos que estarán en tu círculo más íntimo.

Rubén, un amigo mío, dice que existen tres tipos de personas:

- *Las zarzas:* son las personas que no sirven en absoluto, que no quieren hacer absolutamente nada, no producen ni esperan nada de la vida.

- *Los espinos:* son aquellas personas que nos llenan de culpas, que invaden la vida de cuanto los rodea, y con todos son generadores de problemas.

- *Los escorpiones:* son los que vienen para condenar tus acciones, y, si no encuentran el motivo, lo inventan.

Para ser más claros, huye de cualquiera de las siguientes personalidades:

- ***El metomentodo:*** son esas personas que se entrometen en la vida de los demás; se acercarán a ti para pedirte información de otra persona. Hoy averiguan de la vida de los otros, mañana lo harán con tu vida. Sé reservado con tu vida, no abras el corazón a cualquier persona.

- ***El controlador:*** son los que te desean controlar, manipular y exigir. Te amenazan «Si te vas de este trabajo, nadie más te va a contratar.» Aléjate de la gente que te controla, pues tienen un lema: «Tú eres yo, tienes que pensar como yo, hacer como yo.» Y tú eres tú y yo soy yo.

- ***El triangulador:*** son los que buscan alianzas. Alianza quiere decir «dos hacia una meta»; en cambio, «coalición» quiere decir «dos en contra de otro». Nunca te asocies con nadie para ir en contra de otro, asóciate con alguien para ir hacia tu objetivo. Muchas veces, cuando una pareja se separa, busca armar coaliciones y triangula a sus hijos.

- ***El prometedor:*** son los que no paran de prometer... «Mira, tengo una idea maravillosa que me funcionó un montón de veces, solo necesito diez mil dólares más (suma que tú tienes) y yo pongo todas las conexiones.» Cuando alguien venga con promesas, mira su vida y observa: ¿Cómo va a tener el negocio salvador si no tiene aún su propio coche? Cuando alguien venga con este tipo de promesas, aprende a escaparte.

> **Cuando un hombre cree en sus promesas, el mundo es más pequeño.**
>
> **Anónimo**

- ***El generador de culpa:*** «¿Por qué no me has llamado?» «Tendrías que haberte acordado, haber pensado en mí.» Escapa de esa gente tóxica, pues lo único que quiere es cargar culpas a tu vida.

- ***El que vive del pasado:*** son las personas que no tienen visión, que te ayudaron en el pasado, pero que ahora no ven lo que tú ves. Tu pasado fue una etapa quizá muy buena, pero cada día tienes que proyectarte hacia delante.

- ***El criticón:*** son personas a las que nada les viene bien, que todo lo critican, porque eso les hace sentir mejor. Cuando lo hacen, quieren demostrar que son mejores que tú. Huye de los criticones.

- ***El insatisfecho:*** son personas a quienes nada les viene bien, siempre les falta algo para sentirse satisfechas. No permitas que entren en tu círculo íntimo.

No cuentes nada al que no tiene ninguna solución para darte. Busca siempre al que está corriendo delante de ti, no al que va detrás, porque el que viene detrás no puede brindarte ayuda y el de delante ya tiene ventaja y por lo tanto puede ayudarte.

3. SANANDO LA TOXICIDAD

Un rey caminaba por un pueblo rocoso, se enfadó y dijo: «Quiero que maten todas las vacas y que alfombren todo el pueblo.» Se juntaron los sabios del lugar y le dijeron: «Muy bien, rey, tenemos que matar diez mil vacas, curtir todo el cuero y en diez años tendremos alfombrado todo el reino para que nuestro rey no se lastime.» Y vino un bufón que le pidió permiso para decir algo y el rey accedió. «¿Por qué no matan una vaca, le sacan el cuero y le hacen unos zapatos?» Y el rey aprendió que era mejor cambiar uno mismo que tratar de cambiar a todo el pueblo.

No trates de cambiar a nadie; solo cambia aquel que desea cambiar y solo puedes cambiarte a ti mismo. Cuando una persona no trata de cambiar al otro, el otro se siente libre para cambiar si desea hacerlo.

¿Para qué esperar pudiendo hacer?

H. Bueno

No esperes que nadie satisfaga tus carencias afectivas; no busques en los demás lo que te falta. No esperes suplir una necesidad afectiva con nadie.

La gente se frustra cuando espera algo de alguien: una llamada, un beso, un abrazo; por eso, no esperes que te llamen, ni que te amen, ni que te pregunten cómo estás. No esperes nada de nadie y serás libre respecto de la gente.

Todo lo que la gente te da es un *bonus*, un extra; recíbelo, pero no esperes nada porque nadie te debe nada. Nadie tiene el deber de entenderte, no esperes nada y no te lastimarán.

Todo lo que necesitas no está fuera de ti, sino dentro. Lo único que tienes que hacer es respirar un día más frente a tu problema.

Tu problema desafiará a la persona valiosa que hay dentro de ti para enseñarte que no eres el inquilino de tu vida sino su dueño, y que tu vida merece tu mejor actuación.

¿Si habrá conflictos? Claro que sí, y te recordarán que no estás en la vida para participar, que estás para ganar. No estás para ver qué pasa, estás preparado para defender lo que te corresponde. No esperes que nadie pelee por ti, pelea y defiende lo tuyo; no permitas que ningún tóxico invada tu campo.

Lo bueno que te den, recíbelo, acéptalo, disfrútalo, pero no esperes nada de nadie y serás libre para que nadie pueda lastimarte jamás.

Tu futuro está dentro de ti, tu éxito está dentro de ti.

Eres un ser libre para decidir y elegir qué pensar y qué hacer. Nadie puede tener la capacidad de controlarte a menos que tú se la entregues. Decide ser feliz; decide lo que vas a pensar, lo que vas a sentir. Siembra en ti, cómprate lo mejor para ti.

Tú eres el campo y la herencia que dejarás a tu próxima generación. Tu campo es tu vocación; es el sitio de tu éxito, de tu crecimiento, de tu abundancia.

Es tiempo de comenzar a pedir para ti; cuando lo hagas y te des el crédito que te mereces, te convertirás en una persona extraordinaria.

Tu campo es tu proyecto, es el sitio de abundancia que Dios designó para tu vida. *Si siembro lo mejor, siempre habrá un extra en mí.* Todo lo que sale es porque entró primero.

Si siembras lo mejor, serás un hombre o una mujer diferente del montón, un ser único.

No dejes que nadie siembre basura en tu terreno, no dejes que la gente con deudas te diga cómo prosperar, no dejes que la gente que no tiene fe siembre en ti palabras de fe.

Pelea por tu vida, por lo que te pertenece... Siembra sin culpa las mejores semillas para tu vida. Cuando lo hagas, serás una persona extraordinaria, siempre habrá más.

18

ALIMENTA TU FE

1. HASTA EL FINAL, NO PARO

En cada tiempo de tu vida, pelea por tu sueño, no permitas que nadie interfiera en él. Dentro de tu interior hay sueños grandes y extraordinarios que solo tú podrás parir, solo tú podrás defenderlos. Hazlo con todas tus garras, con tu pasión, ya que nadie lo hará por ti; a la gente no le interesa tu sueño, a ti, sí. Recupérate a ti mismo y empieza a decidirte, ¡sí!

Hoy es tu tiempo, no mañana, ni lo fue ayer. Tu hoy tiene importancia. El tiempo de tu sueño es ahora.

Camina hacia él y atraviesa los tres pasos que deberás accionar para alcanzarlo. Como dice John Hagee, todo sueño tiene tres cosas:

- *Promesa*
- *Problema*
- *Provisión*

Dentro de ti, en tu interior, debe estar la certeza, la ***Promesa*** que te harás a ti mismo de llegar a él, de que lo pisarás y lo disfrutarás. Las personas elaboran sus sueños de acuerdo con la etapa en la que se encuentran. Puedes estar a metros de tu sueño y a kilómetros de tu manera de pensar; puedes estar a punto de alcanzar cosas grandes, pero tu manera de pensar está a kilómetros de distancia. Es por ello que, en primer lugar, debemos preguntarnos en qué estamos creyendo y tratar así con todo el bagaje que hay en nuestro sistema de creencias. Cuando lo hagamos, nos llenaremos de esperanzas y serán nuestros sueños quienes nos empujen y nos movilicen a conquistarlos.

La etapa del ***Problema*** viene después de que te has prometido alcanzarlo. El tamaño de tu problema estará de acuerdo con el tamaño de tu sueño. ¿Tu sueño es grande? Grandes serán los problemas. Sin embargo, no desmayes ni abandones, este problema solo te promocionará a un nivel de fortaleza y de voluntad aún mayor, capaz de resistir cualquier ofensiva. Las crisis nos convierten en seres maduros y responsables. Sé constante y perseverante. Habla a tu vida con pasión, en positivo.

Como una semilla, busca siempre la luz que se ha sembrado.

El tercer momento de este sueño es la ***Provisión.*** Dios ha dispuesto que todo lo que necesites llegue a tus manos. El sueño que está dentro de ti es el mismo que Él creó para ti. Jamás podría dejarte soñar algo que no pudieras alcanzar. El crecimiento verdadero es, en partes iguales, aprender, incorporar cosas nuevas y desaprender, sacar los hábitos viejos. Desaprender es más difícil, porque las cosas viejas son como las células malignas; hasta que tú decidas quitarlas de tu mente, estas se reproducirán. Pero con fe, y esperanza, y realizando los cambios pertinentes, ¡se puede!

Comienza a pensar como lo hacen los ganadores. Ellos dicen: «Voy a ganar donde antes había perdido.» No importa que ellos sean más, vas a ganar; no importa que el león tenga más fuerza, vas a vencer, y no importa cuán grandes sean tus problemas, vas a poder. El problema no fue la pelea que tuviste, fueron los pensamientos con los que encaraste y con los que te determinaste a perder. Libera al hombre o a la mujer gigante que hay dentro de ti. Haz todo lo que tengas que hacer. En la vida existen dos tipos de remordimientos: por lo que hiciste y por lo que no hiciste. Tal vez el remordimiento más doloroso es *por lo que no hicimos.* Todo lo que tengas que hacer anímate a hacerlo en este tiempo que hoy está en tus manos. Tu sueño no tiene fecha de vencimiento.

Únete a Dios, a tu Fuente, abrazate a Él y llegarás a la cima. Cuando lo hagas, dormirás tranquilo, porque sabrás que unido a Él nada, pero nada, te faltará. Dios está dispuesto, y, si tú estás dispuesto, Él ha elegido lugares para que descanses, sueños para que conquistes y disfrutes de una vida bien vivida. Su bien y su misericordia te seguirán todos los días de tu vida.

19

PIENSA COMO JEFE

1. Si no hay botín, no pelees

El ambiente de éxito ya está creado, tu sueño ya está creado, el dinero que necesitas está creado, los viajes están creados. Solo hace falta que alguien se anime a tomar lo que le pertenece, que sueñe que se puede lograr lo que uno espera.

Tienes habilidad para lograrlo, únicamente hace falta que tú le pongas fuerzas y ganas para alcanzar más de lo que hoy tienes, energía para agrandar el combo.

El hecho es que muchas personas viven la vida intentando, desconociendo que necesitamos dejar de intentar para lograr todo lo que se está esperando. Ahora bien, si te preguntase qué estás esperando, ¿qué responderías?...

Tenemos que ponerle nombre a la prosperidad, a la cosecha que estamos deseando. Todo lo que tengas que hacer para recibir tu cosecha hazlo, no importa la edad que tengas, lo importante es que no te quedes sin hacerlo. Eres dueño de tu sueño y de tu cosecha, así que decídete a hacer todos los cambios necesarios para alcanzarlo. Los cambios hay que hacerlos cuando estamos bien, cuando no necesitamos nada de nadie y podemos negociar a nuestro favor. Y una vez que hayas hecho todos los ajustes pertinentes, ponle un tiempo a tu logro, una fecha. Determínate a alcanzarlo en tu presente, no en tu mañana ni en tu futuro: debes hacerlo en tu hoy.

> **Yo soy el dueño de mi destino; yo soy el capitán de mi alma.**
>
> **William E. Henley**

Tu normalidad tiene que ser multiplicación. Sé el dueño de tu proyecto, no lo vivas desde una posición de asalariado.

¿Cuál es la diferencia entre un dueño y un asalariado?

- Un asalariado es alguien que hace porque se le paga; el dueño no lo hace porque se le paga, lo hace porque es dueño.
- Un asalariado en la vida es el que dice: «Hoy he venido para cumplir, pero la verdad es que no me correspondía...», mientras que el dueño afirma: «Esto es mío, este sueño es mío, lo voy a cuidar y lo voy a lograr.»

Antes de buscar mi trabajo, lo que me apasiona, tengo que diseñar qué vida quiero tener, cómo me gustaría vivir, cómo sería el estilo de vida que necesito para ser feliz. El trabajo va a ser un elemento del diseño de vida que hayas construido. Trabajar es hacer lo que te apasiona, pero el trabajo no es tu vida, tu vida es mucho más que el trabajo, este es un elemento que potenciará todo tu diseño de vida.

Lo primero que tienes que decidir es qué estilo de vida

quieres diseñar para ti. ¿Por qué hay hombres que se estresan en el trabajo? ¿Por qué hay personas que se deprimen en el trabajo y personas que pierden el trabajo y se matan? Porque hicieron del trabajo toda su vida, pero el trabajo, lo que nos apasiona, es un elemento de todo un diseño.

Necesito tomar un tiempo para mí, sentarme y decir para qué he nacido, qué estilo de vida quiero tener, decidir y abrazar mi propósito. Una vez que haya diseñado mi propia vida, estaré listo para invertir en ella.

Tenemos que invertir en nuestra capacidad, en nuestra área de fortaleza, en lo que nos gusta, en lo que hacemos bien. Todos nosotros somos buenos en algo y malos en otra cosa; el águila no sabe trepar, pero sabe volar. Yo no tengo que invertir para ser un experto de un poquito de cada cosa, sino para mejorar mi área fuerte. De esto que me gusta hacer, ¿en qué soy fuerte? En eso voy a invertir para ser el mejor.

Tienes que invertir en tus áreas fuertes. ¿Sabes cuáles son tus áreas fuertes? ¿Sabes en qué áreas eres bueno? Pues tienes que invertir para mejorar en las áreas fuertes de tu capacidad y en tu actitud.

Invertir en conocimientos produce siempre los mejores beneficios.

Benjamin Franklin

Según una investigación realizada en la Universidad de Yale sobre la gente exitosa en su trabajo, el 15 por ciento se debe a la calidad técnica, pero el 85 por ciento a la actitud. Y de las actitudes, la más valiosa es el entusiasmo.

No solamente tenemos que invertir en mejorar nuestra capacidad, sino en mejorar nuestra actitud, en sonreír, en tener mejor trato con los demás. Cinco mil gerentes de Recursos Humanos en Estados Unidos consideraron que la virtud más importante de un candidato es la sonrisa.

Hasta que no seas dueño de tu cosecha, vivirás como un asalariado. Un dueño vive sin excusas; un asalariado vive dependiendo de ellas. Un dueño siente pasión por su trabajo; un asalariado cumple una jornada de trabajo.

Solo tú puedes matar las excusas, aunque siempre que quieras avanzar habrá molestias, alguien o muchos que te quieran incomodar, pero no te preocupes ni reacciones, ¡vale la pena! El problema no son los gigantes, las crisis, el problema es que te liberes de la gente; cuando lo hagas, estarás libre para diseñar tu propia estrategia y tu herencia será grande y buena.

2. SIEMBRA EN BUENA TIERRA

Echa a andar detrás de tu sueño, de lo que te apasiona, te entusiasma, te gusta. Tienes que saber responder a las dos preguntas más importantes: «¿Quién soy?» y «¿Qué hago?»

William Barclay dijo: «Hay dos días extraordinarios en la vida de un hombre: cuando nace y cuando descubre por qué.»

¿Sabes por qué la gente exitosa descansa poco? Porque vive detrás de sus pasiones; cuando lo haces, duermes poco porque no puedes dormir; durante la noche estás pensando en lo que te gusta. Dejas de «trabajar», ya no sientes que cumples un horario, porque estás haciendo lo que amas. Y cuando estés en esta situación, te irás conectando con la gente y las circunstancias que tienen el mismo entusiasmo y el mismo modo de actuar.

La gente exitosa corre detrás de su anhelo. La gente feliz, la gente que brilla, está alineada con sus pasiones. *Si vivo mis pasiones, viviré apasionado.*

Cuando hablas con un músico, un cantante, un actor, te das cuenta de que viven apasionados. Cuando una persona corre detrás de sus pasiones, se le activa una fuerza, una orden de avanzar y de no detenerse jamás. ¿Qué es lo que te apasiona, lo que te entusiasma? ¿A cuántos les apasiona viajar, o la familia, o prosperar, divertirse, leer, escribir...? Cuando uno realiza su pasión, todos ganan.

La mejor herencia que le puedes dejar a tu familia es que seas una persona apasionada. La gente exitosa en lo económico, en lo profesional, la gente feliz, corre detrás de sus pasiones.

Las pasiones hacen vivir al hombre, la sabiduría solo le hace durar.

Nicolas Chamfort

Y toda persona exitosa está asociada a la excelencia. La gente te tiene que ver y asociar tu nombre —Carlos, Juan, Claudia— a la excelencia. Carlos tiene que ser excelente; Juan es excelente. Tienes que estar asociado a la excelencia; jamás a la mediocridad (la palabra «mediocre» significa «a mitad de camino»). Nuestra naturaleza fue diseñada para que alcancemos la cima. Y la excelencia en lo que hacemos tiene tres cartas de presentación: *limpieza, orden* y *puntualidad.*

- *Estar limpio, aseado, será tu primera carta de presentación. Tu imagen exterior tiene que reflejar quién eres.*

- *Es necesario ser ordenado y respetar las leyes de la convivencia.*

- *Seamos puntuales. Si quedamos a las tres, es a las tres, no a las tres y media.*

Y una vez que puedas cumplir o llevar a cabo estos requisitos, estarás preparado para lo más complejo. Necesitarás estar encima de todo lo que te interesa sin desfallecer, porque la gente no lo estará de la misma manera como tú podrás hacerlo.

Debemos eliminar de nuestra mente el mito de que todo el mundo es bueno y de que todos se van a preocupar por ti.

Tienes que estar encima de tu gente, de tus cosas, de tus proveedores; nadie lo va a hacer por ti.

Tienes que ser tu propio jefe. Cada vez que te tiren un misil, cada vez que te hagan un juicio, cada vez que te condenen, no te van a quebrar, sino que te volverás a poner de pie, a enderezarte y crecer.

¿Qué haces cuando te atacan? Doblarte y seguir creciendo.

DeWitt Wallace dijo: *«Voy a publicar una revista pequeña.» Todo el mundo opinó: «¿Revistas pequeñas? ¡No existen!» Él añadió: «Voy a publicar frases.» «¡Ninguna revista publica frases!» «Y voy a explicar anécdotas.» «¡Es una tontería!» Pero él siguió adelante y fundó una revista que tiene ochenta y siete años de vida y vende quince millones de ejemplares en todo el mundo:* Selecciones del Reader's Digest.

La gente siempre te empujará a que hagas lo que hacen todos, pero uno debe querer salir de la caja de zapatos y decirse a sí mismo: «Aún no sé cómo lo voy a hacer, pero sé que idearé una estrategia para conseguirlo.»

Tienes que esperar el próximo ingrediente.

A una persona inspirada nadie la destruye.

Charles Darrow, en 1934, no tenía trabajo, y para entretenerse inventó un juego del que acabó vendiendo quinientos millones de ejemplares, el Monopoly. Hay que perseverar y golpear y golpear, hasta llegar a la meta.

3. SEMBRAR PARA COSECHAR

Ahora bien, por más cerca que estés de la meta, no te envanezcas jamás. La forma más rápida de ser rechazado es mostrarse orgulloso. ¿Sabes lo que mira siempre la gente? Si eres vanidoso, y, si es así, estarás lejos de ser promocionado para cosas grandes. Si te envaneces, si sucumbes al exitismo, todo dependerá de con quién te estás comparando, por eso siempre necesitamos nivelar hacia arriba y nunca hacia abajo.

Humildad es tener *ganas de aprender*. Nunca te elogies a ti mismo; hay personas que hablan y dicen: «Yo y yo.» El sabio Salomón dice: «No te alabes, deja que te alaben los demás.» Si quieres que te alaben los demás, no te piropees, porque cuando te elogies a ti mismo los demás no lo harán.

> **El secreto de la sabiduría, del poder y del conocimiento es la humildad.**
>
> **Ernest Hemingway**

Sé honesto, no transparente. Ser transparente es decir todo lo que se piensa; si dices todo lo que piensas de todo el mundo, tendrás muchos enemigos. Lo que sí necesitamos es ser honestos, decir la verdad cuando sea necesario. Eso no quiere decir mentir y engañar; quiere decir que cuando uno es honesto dice aquello que sirve para construir algo mejor a lo que hay. Cuando lo hagas, conectarás con los mejores.

La gente de éxito busca continuamente conocer gente. El fracasado dice: «No quiero conocer a los que no conozco»; el exitoso dice: «Quiero conocer a los que no conozco para poder avanzar cada día más.»

Cuando salgas a sembrar, hazlo para cosechar. Cuando salgas, que sea para ganar; cuando siembres, que sea para ganar; cuando hables, que sea para ganar. ¡Basta de probar! *Lo que hagas, hazlo porque tendrás cosecha.*

No aceptes la suerte de nadie, ni le desees suerte a nadie, porque no actúas por suerte, sino porque sabes que hay cosecha para tu vida.

No importa lo que digan, lo que opinen; tiene que importarte hacia dónde estás tú enfocado.

- *Todo lo que hagas, hazlo para triunfar; si no, no lo hagas. El sembrador salió a sembrar porque sabía que habría una cosecha.*

- *Todo lo que hagas tiene que estar marcado por un deseo sobrenatural de que te vaya bien en todo lo que emprendas, lo que digas, lo que hagas, lo que sueñes.*

Tienes que saber cómo reaccionar frente a las cosas negativas. Si hoy te ha ido mal, sigue adelante, porque cuando venga la tierra buena recuperarás el tiempo, recuperarás las semillas, el dinero que gastaste, los años perdidos, y recogerás al ciento por uno. Si dices «Yo lo dejo porque me ha ido mal...», no estás eligiendo cómo reaccionar correctamente. No siembres emocionalmente, hazlo en buena tierra. Emoción no es sabiduría. Solo una persona madura puede ser plena, dado que tiene la base para poder parar todo el resto.

Cosechar en vida no es un suceso, sino un proceso. El suceso es el resultado del proceso. Ve de treinta en treinta, pero cuando llegues a sesenta pasa a cien, porque hay un momento en el que estarás listo para dar el gran paso y abarcarás mucho más de lo pensado, entrarás en el nivel de la abundancia.

Algunos tienen grandes cascos y organizaciones, pero otros tienen semillas, y quienes tienen semillas siempre obtienen la cosecha.

20

SUEÑA MÁS GRANDE

1. Desafíos financieros

Muchos tuvieron el privilegio de recibir una herencia de sus padres, de sus familias; hay gente que de la nada recibe la prosperidad y el éxito económico, pero la mayoría de las personas deben forjarlo día a día. En este nivel, donde las finanzas no se heredan, necesitarás aprender a generarlas. El que aprende, una vez que lo haya experimentado, tendrá la autoridad para transmitir lo aprendido para que otro herede y nazca en cuna de oro.

Escasez es algo exterior, es ausencia de recursos. La pobreza es un estado interior, es *estrechez mental.* La escasez se *alimenta* de la pobreza, cuando se elaboran pensamientos estrechos. Ahora bien, podemos tener los recursos, pero si nuestra mente sigue siendo estrecha, perderemos lo que llegue a nuestras manos.

Recuerda:

Pobreza: estrechez mental.
Escasez: ausencia de recursos.

¿Cuál es la fantasía que todos tenemos?
«Cuando tenga dinero seré feliz...»
«Si tuviese dinero...»

Y este es un gran engaño. Hay personas que tienen millones, muchísimo dinero, un buen sueldo, y sin embargo viven ansiosas y preocupadas. ¿Cómo es posible? Gente que tiene dinero de más y a pesar de todo no es feliz. El tema aquí, el foco, no es el dinero, porque el dinero es exterior, y ese no es el asunto; el tema es la pobreza, la estrechez mental que se padece.

De acuerdo con Bren Kessel, existen seis tipos de mentalidades que nos hacen funcionar en la escasez y con problemas.

1. **Convertirnos en carceleros del dinero**
   El controlador, la persona que vive controlando el dinero, que vive con miedo: «¿Y si me quedo sin trabajo?», «¿y si viene el fin del mundo?», «¿y si nos enfermamos?», «¿cómo me voy a operar?», «¿y si pierdo el trabajo?», «¿cómo vamos a pagar el colegio de los niños?».
   El controlador, el carcelero, se caracteriza por la *preocupación*; su paradigma mental es la preocupación, y eso lo lleva a ahorrar por demás, a estar ansioso y a tener miedo de decidir. Cuando alguien le ofrece un trabajo o un negocio, dice: «Uy, pero no sé... ¿y si me va mal?, ¿y si pier-

> **Disfrutar de todos los placeres es de insensatos; evitarlos, de insensibles.**
>
> **Plutarco**

do todo lo que he ahorrado?» Personas controladoras que todo el tiempo suman y restan, preocupándose por todo.

2. **Buscar solo el placer**
   El buscador de placer dice: «El dinero es para gastarlo, la vida hay que disfrutarla, algunos trabajan para vivir y otros viven para trabajar; yo gasto mi dinero, me lo merezco, es un placer que me voy a dar.»
   Se trata de personas para las cuales todo es una recompensa. Gente que no puede ahorrar dado que su motivación es el miedo a no poder vivir plenamente y ese miedo es el que los lleva a pensar que deben gastarlo todo, aún más de lo que ganan. Su miedo es morirse sin haber vivido.

3. **Gastar solo para lo necesario, lo menos posible**
   Para estas personas lo importante es gastar menos. Reducen los gastos, ahorran, ahorran y ahorran. El paradigma que tienen es la *inseguridad*; cada vez que ahorran, cuentan el dinero y ponen las monedas debajo del colchón, porque el ahorrar les proporciona tranquilidad. Sin embargo, esa tranquilidad es momentánea, porque siempre necesitarán seguir ahorrando.
   Hay dos maneras de ahorrar: por *miedo* («Voy a guardar por si me enfermo»), o por *sabiduría*, para que cuando venga la oportunidad tenga los recursos necesarios para poder invertir.
   Hay que aprender a ahorrar porque habrá momentos y oportunidades que nos permitirán crecer en abundancia.

> **Ahorrar no es solo guardar, sino saber gastar.**
>
> **Anónimo**

4. **Los idealistas, los desinteresados**
   Son aquellas personas a quienes el dinero no les interesa. Dicen: «El dinero es un vil metal; los problemas de este mundo son por culpa de los ricos.» Tienen un discurso de rabia contra el dinero; son personas que están peleadas con el dinero, a quienes no les importa ahorrar ni crecer financieramente. Sin embargo, generalmente dependen de la ayuda de una madre, de un amigo, de un familiar, etc.
   Tienen deudas porque no llevan las finanzas estratégicamente, no se administran bien. Lo que motiva a los idealistas es la rabia. Para ellos solo vale la vocación y el arte.

5. **Los *pops***
   Son las personas que obsesivamente buscan el dinero para comprar todo lo que sea de marca; y si no pueden alcanzarlo, sienten una gran frustración; son personas que necesitan ganar *respeto* y *admiración* a través del dinero. Buscan los mejores colegios, los mejores viajes, las mejores ropas, siempre están impecables. Aquí la motivación es la *inseguridad* y el *vacío interior*. Ese vacío lo llenan tratando de buscar cosas para aparentar frente a los demás y que se asombren ante lo que han podido obtener.

6. **Los inocentes**
   Son aquellos que jamás ganan dinero, no llegan a fin de mes, no tienen dinero ni lo atraen, y, cuando lo tienen, lo pierden. Personas que dicen: «A mí el dinero se me va como nada.» Personas siempre endeudadas, que no pueden ganar dinero y mucho menos multiplicarlo, generalmente con problemas financieros.

Piensa tus acciones para que tus hechos no sean más que excusas camufladas.

Anónimo

Ninguna de estas formas de vida nos llevará a la felicidad ni a multiplicar lo que tenemos. Todo requiere un plan, aprender a administrar sabiamente el dinero, aprender a gastarlo, a disfrutarlo, a darnos los gustos y también a ser previsores para nuestro futuro. Todo necesita de un equilibrio.

Con dinero se puede comprar una casa, pero no un hogar.
Con dinero se pueden comprar medicamentos, pero no salud.
Con dinero se pueden comprar libros, pero no sabiduría.
Con dinero se puede comprar sexo, pero nunca amor.
Con dinero se pueden regalar juguetes, pero nunca alegría.
Con dinero se puede sostener una familia, pero no hacerla feliz.
Con dinero se puede comprar el trabajo de alguien, pero nunca su lealtad.

Nuestro foco debe estar en nuestra realidad interior, en cuestionarnos determinados patrones de funcionamiento y de pensamientos que no nos permiten avanzar y multiplicarnos. Tu realidad interior será la encargada de atraer tu realidad exterior; de acuerdo con tus pensamientos, será tu mundo exterior.

«Realidad interior» es anterior a «realidad exterior»; la realidad exterior es el reflejo de tu mundo interior.

Cuando a una persona la despiden de su trabajo, antes ya se ha despedido mentalmente; ha tenido pensamientos de despido, porque la realidad interior conecta con la realidad exterior.

Cuando a una persona le va bien y se levanta de las crisis, no es porque le caiga pan del cielo, sino porque ha decidido salir de esa situación.

> **La mente humana es un instrumento perfecto, solo hay que saber tocarlo.**
>
> **Anónimo**

Si un ladrón entra en el consultorio de un médico y le roba el bisturí, el título y el dinero, lo que le ha robado son los símbolos, ya que el dinero es un símbolo; pero no le ha robado la mentalidad. Ha robado el diploma de médico, pero este hombre sigue siendo médico de todos modos. Lo que hace al médico no es el diploma, la herramienta o el dinero, sino su mentalidad.

Cuando eres rico mentalmente, toda tu realidad exterior terminará obedeciendo a tu realidad interior.

2. DECIDIDOS A GANAR

Hay momentos en la vida que debemos aprender a capturar. ¿Te acuerdas de cuando nació tu hijo y de cuando dijo su primera palabra? ¿Te acuerdas de tu primera novia o de cuando tu hijo se casó? Los momentos fueron hechos para disfrutar.

Disfruta de cada momento, captúralo. Expándete. Donde hoy estás es el comienzo que te llevará hacia todo lo grande que hay por delante. Proyecta, arma una estrategia.

En tus manos tienes dos poderes: el de levantarte y el de elegir la dirección que va a seguir tu vida.

Solo la gente perseverante es la gente que pelea por su sueño y que vence.

El que tiene paz exterior no tiene paz interior;
pero el que tiene paz interior tiene también
paz exterior.

21

SUPÉRATE UN POCO MÁS CADA DÍA

1. Tiempos de entrenamiento

Muchas personas no han podido pasar a un nuevo nivel de finanzas, de afectos o de autoridad porque no han sido capaces de tolerar el proceso, el tiempo de la preparación. Es gente que siempre ha logrado cosas hasta un punto, pero allí se ha detenido, no ha podido o no se ha animado a pasar por el proceso de formación que se requiere para dar el salto del lugar donde se está hacia donde se quiere llegar.

Desde el momento en que nace un sueño hasta el tiempo de su cumplimiento, habrá un proceso, un tiempo de preparación. Muchos no alcanzan a ver su sueño cumplido porque no han sido preparados o no han sabido sacarle ventaja a este tiempo de preparación y de oportunidades.

Una persona que no ha atravesado el período de preparación suele cometer muchos errores que podría haber evitado si se hubiese preparado. El gran problema de muchos e incluso de las instituciones es que los cargos de liderazgo y de autoridad están ocupados por personas que han sido en-

La vida no es sino una continua sucesión de oportunidades para sobrevivir.

Gabriel García Márquez

viadas a cumplir tal o cual función, pero no se han instruido para desarrollarlas. En consecuencia, una vez que ocupan esos puestos, no solo se frustran, sino que cometen muchas equivocaciones.

Prepararse no es únicamente estudiar para obtener un título académico que avale la función a desempeñar, sino ser capaz de:

- **Estar a solas con nosotros mismos, saber quiénes somos y hacia dónde vamos.** Saber que durante este tiempo estaremos solos y decidiremos solos y no en grupo. Cuando puedas estar contigo mismo, sabrás que únicamente tú eres el encargado de traer tu propia provisión y tu crecimiento.

- **Comprender que en medio de ese proceso de espera, de formación, el ser humano atravesará diferentes períodos, momentos y estadios de emoción y de presión.**
  Hay un momento que todos atravesamos alguna vez: el desierto. En el desierto no hay nadie para ayudarte; tu dinero no sirve, las fuerzas no te sirven, solamente estás a solas con el proceso y el tiempo que te toca pasar. Sin embargo, cualquiera que sea tu desierto —financiero, espiritual, laboral—, debes saber que este tiempo se va a terminar, no es para siempre.

Lo que embellece el desierto es que en alguna parte esconde un pozo de agua.

Antoine de Saint-Exupéry

Cuando determinas en medio de tu desierto, en medio de ese tiempo donde parece que todo se ha cerrado, que nadie está en el lugar que debiera estar, ponerte de pie y establecer tu dominio propio, ese tiempo será momentáneo.
El desierto es un lugar de aprendizaje y crecimiento.

- **Evitar la queja. Muchos, en ese desierto, se desesperan y comienzan a quejarse, sin saber que la queja los puede anclar en el lugar en donde están.**
Hay gente que queda varada a mitad del camino porque ha perdido sus fuerzas en la queja, sin darse cuenta de que esta la limita y le impide avanzar.
El hecho es que vivimos inmersos en una cultura de la queja. Nuestra sociedad trata de resolver los problemas a través de la queja, olvidando que la queja nos arraiga más en el problema y nos detiene en el mismo lugar.
La queja es un problema del alma. Hay personas que en todo y en todos encuentran un motivo para quejarse, ya sea de la pareja, del hijo, del jefe, del país...
Y, cuando uno se queja, lo que está haciendo es transmitir al otro que alguien tiene que resolver el problema: cuando un marido se queja de su esposa, o al revés, está diciendo «Yo no soy responsable, que alguien lo resuelva».
Por eso la queja es mala, porque coloca el conflicto en el afuera y nos desliga de toda responsabilidad. Echar la culpa de lo que yo siento a otro es dar autoridad emocional al otro sobre mí.
Cuando yo le echo la culpa al otro de lo que yo siento, estoy diciendo que la causa de mi dolor viene de afuera, y si la causa de mi dolor viene de afuera, mi solu-

ción viene de afuera; entonces, soy esclavo del afuera. La gente es responsable de sus acciones, pero nunca del sentimiento que nosotros tenemos del problema.

En cambio, si cambiamos la forma de ver las cosas, dejamos de quejarnos y nos enfocamos en nuestro crecimiento y en nuestra preparación, seremos capaces de resolver los conflictos, saldremos del desierto y nos acercaremos a la meta prevista.
Donde hay obstáculos, ataca el problema.

Recuerda:
Mi actitud determinará mis éxitos o mis fracasos.
Mi actitud determinará si mis sueños viven o mueren.
Mi actitud determinará mi acceso a gente importante o su alejamiento.
Mi actitud afectará o impulsará mis proyectos.
Mi actitud me sanará o me enfermará.

Cada hombre puede mejorar su vida mejorando su actitud.

Héctor Tassinari

¿Qué podemos hacer en ese tiempo de espera, en ese proceso, además de prepararnos para un nuevo nivel de autoridad, de relaciones y de comunicación?

- **Eliminar de nuestra mente toda creencia que no funcione y reemplazarla por decisiones que sí funcionen.** Toda nuestra mente funciona con creencias; si las creencias no funcionan, tenemos que cambiarlas. Hay ideas que ayer funcionaron bien para nosotros, pero que hoy no nos sirven.
  Una creencia te puede hundir o te puede salvar.

- **Usar el zum.**
  En este tiempo de espera, tenemos que volver a ver el cuadro completo y ver la meta cumplida. No te detengas en este tiempo de espera, en este tiempo de desierto; si resistes, vas a llegar, vas a resolver tu problema.
  Hoy estás viendo la tormenta.
  Acércate a tu sueño con el zum, no lo pierdas de vista.
  Usa el zum también para alejar estas horas y vas a ver que has llegado al lugar al que querías.
  Y ahora, cuando veas el cuadro completo, podrás ver que todas las cosas que te han sucedido te han fortalecido, te han ayudado a ser la mejor versión de ti mismo, te han hecho un ser fuerte. Cuando veas todo el cuadro, no solo lo que te pasa hoy, te darás cuenta de que hoy es únicamente un punto en tu proyecto, es una nota en el gran pentagrama de tu vida.

- **Extender los límites internos y externos.**
  Límites pequeños, pequeña tolerancia, territorio pequeño a administrar. Cuanto más ensancho mis límites de resistencia, más podré abarcar y administrar.
  Si eres débil y tus límites son escasos, no podrás avanzar más.
  Cuando Dios creó a Adán, le dijo: domina las aves del cielo, los peces del mar y las bestias de la tierra. Esto es un símbolo, veamos qué le quería decir exactamente y qué representa cada elemento:
  – Las aves del cielo: domina tus pensamientos.
  – Los peces del mar: domina tus emociones.
  – Las bestias de la tierra: domina tu cuerpo.

Tenemos capacidad para poder expandir nuestros límites emocionales; si son pequeños, todo nos moles-

> El juego de autoimponerse límites es uno de los placeres secretos de la vida.
>
> Gilbert Keith Chesterton

tará, nos ofenderá, nos lastimará... Si los extendemos, no habrá dificultad que nos pueda detener, tendremos una estima a prueba de balas.

- **Resistir.**

Resiste y descansa, ¡siéntate! Cuando estés cansado, siéntate, y si los demás te preguntan: «¿Qué estás haciendo? ¿Por qué no estás haciendo nada?» Tú, descansa.

En una ocasión, leí que cuando Elvis Presley comenzó a grabar, lo hizo con una canción melódica. Grababan y grababan y no salía nada convincente y cuando ya estaban a punto de dejarlo todo y perder esa oportunidad, hicieron un *break*. La gente del estudio siguió grabando, pero Elvis no lo sabía, y para descansar un poco se puso a cantar un rock y el rock quedó grabado, lo cantó como una diversión, para distraerse, y resultó que esa música fue la que lo hizo famoso y le dio el éxito.

- **Renovarnos más rápido de lo que nos desgastamos.**

¿Qué hace el avión antes de despegar? Lo presurizan. ¿Qué es presurizar? Si al avión no le ponen presión interior, cuando este levanta vuelo, la presión exterior lo aplasta; entonces, como no se puede cambiar la presión exterior, le ponen una presión interior proporcional a la presión exterior, para que la presión de dentro resista la presión de fuera.

Si somos capaces de soportar y atravesar exitosamente el tiempo de preparación y todas las etapas del mismo, estaremos listos para lo mejor, para nuestro ascenso, para nuestra promoción.

Una vez allí, lo mejor ya no estará por venir, sino que seremos nosotros quienes lo estaremos trayendo rápidamente hacia nuestra vida.

Ahora, desde esta nueva posición, implementemos una manera eficaz, productiva y veloz para manejarnos.

2. Leyes exitosas

- ***Ley de la velocidad: cuanto más rápido me muevo hacia mi meta, más rápido mi meta se mueve hacia mí.*** De acuerdo con la velocidad con la que persigas tus sueños, tus sueños van a perseguirte a ti. Si actúas rápidamente en pos de tus sueños, ellos te alcanzarán. Y, para moverte rápido, tienes que ser una persona libre.
  Cuando te mueves en pos del éxito, el éxito te trae más éxito. El éxito de hoy es la garantía de que Dios te va a otorgar otro éxito mañana.

> **El secreto del éxito en la vida de un hombre está en prepararse para aprovechar la ocasión cuando se presente.**
>
> **Benjamin Disraeli**

- ***Ley del magnetismo: cuanto más éxito tengo, más éxito atraigo.***
  Tienes que elegir si vas a llamarte como la gente te llama o como tú quieres llamarte: un hombre o una mujer con potencial suficiente para crecer y llegar al objetivo.

- ***Ley de la perseverancia: cuanto más importante es lo que quiero, más perseverancia he de tener.***

Si te cuesta lograr algo es porque sueñas cosas grandes. Cuanto más grande es tu sueño, más perseverancia tienes que tener.
La fe mueve montañas, pero a veces la montaña está en nuestra cabeza.
Hay un momento en que necesitaremos dejar de lado la incredulidad y comenzar a apostar por nuestras capacidades, por lo que somos.

- ***Ley del kilómetro extra: si doy un extra, dejaré una huella. Para dejar una huella, hay que hacer un extra.***
En Disney World hay papeleras cada treinta pasos, porque está comprobada la distancia que va desde el lugar donde se compra hasta el lugar donde se desenvuelve lo que se ha comprado; eso es un extra. Para marcar la diferencia tienes que ir un poco más allá de donde va la gente.

- ***Ley de las posibilidades: siempre hay más de una posibilidad y más de una solución.***
El problema que tienes delante posee muchas soluciones.
Cuando éramos chicos, nos ponían rótulos y desempeñábamos ese rol; si la gente puede construirte un rol con las palabras que te dice, tú tienes una estima capaz de construir para ti mismo el rol que necesitas desempeñar en la vida. No importa lo que hayas recibido, importa lo que tú te propongas recibir y lo que tú expreses de ti mismo.

- ***Ley de la abundancia: hay suficiente para todos. La pobreza es una mentalidad que crea una cultura.***
Hoy nos urge quebrar las culturas de pobreza. Si amas

y cuidas lo que hoy tienes, esta actitud es la garantía de que puedes administrar cosas mucho más grandes.

> **La vida es como un arca enorme llena de posibilidades.**
>
> **Amado Nervo**

La vida no se mide por los años que se viven; la vida se mide por los logros que has tenido.

Para sostener el premio necesitaremos estar preparados y entrenados por el camino más largo.

¿Tienes buena voz? Solo entrenando tu voz podrás liberar el caudal y el potencial vocal.

¿Te gusta boxear? Solo entrenando a diario en un gimnasio podrás derribar a un oponente.

Podemos anhelar crecer financieramente o emocionalmente, pero si no tenemos el carácter forjado para sostenerlo en el tiempo, perderemos. No basta con llegar a la meta, es necesario ser capaz de mantenerla, sostenerla y multiplicarla.

En una ocasión, una joven se acercó a un productor de televisión y le dijo: «Quiero ser modelo, ¿qué consejo me das?» Él la miró y le dijo: «¿Sabes cantar?» «¡No!», respondió la joven... «¡Qué lástima!, porque podrías hacer una prueba de canto para este proyecto... y ¿sabes actuar?» «No», volvió a responder la muchacha. «¿Y sabes bailar?» «No.» A lo que el productor respondió: «Bueno, te voy a dar un consejo: para ser una buena modelo, tienes que pasar dos pruebas: primero, ser bella, y tú eres muy bella. Ya has pasado la primera prueba, que dura dos minutos. La segunda prueba es saber sostener la belleza: tienes que saber cantar o bailar. Es-

tudia y prepárate para que aprendas a mantener este sueño, porque no basta con la belleza.»

Tenemos potencial, talento, pero depende de nosotros que nos preparemos y nos entrenemos para poder sostener lo que esperamos. De nada sirve luchar por el premio y después perderlo.

Hay un tiempo de preparación desde el momento en que nace nuestro sueño hasta que este llega a nuestras manos. Y en ese tiempo hay un proceso de entrenamiento. No se trata de un tiempo muerto, todo lo contrario, es un tiempo de provecho.

> **¿Amas la vida? No desperdicies el tiempo, porque es la sustancia de que está hecha.**
>
> **Benjamin Franklin**

Cuando pases este tiempo, estarás a punto para sostener todo lo bueno que hay dentro de ti, sostenerlo y ponerlo en acción.

La siguiente es una historia ilustrativa:

En una ocasión contrataron a un hombre para que arreglase el motor de un barco. El hombre sacó un martillito, golpeó y el motor empezó a funcionar. A continuación dijo: «Listo; mis honorarios son mil dólares.» «¡Eh, usted está loco! Si solo le ha dado un golpecito y nada más; explíqueme detalladamente cuál ha sido su trabajo.»

Entonces respondió: «Por golpear con el martillo, un dólar; por saber dónde golpear, novecientos noventa y nueve.»

Sin entrenamiento damos pasos en falso; sin entrenamiento nos frustramos. Tienes que entrenar. Si fallas, no te menosprecies, observa dónde está el error y vuelve a hacerlo. No estás en la vida para ver qué pasa, sino para hacer la diferencia y para jugar en los grandes equipos.

22

PLANIFICA TUS SUEÑOS Y ALCÁNZALOS

1. SOÑAR DESPIERTO

Hay personas que viven soñando, mientras que otras, cuando se les pregunta por un sueño profundo que desean alcanzar, enmudecen. Y hay muchos que aún no saben cómo nace un sueño. Un sueño comienza con una visión, con el poder que tenemos de embarazarnos de este sueño; igual como la mujer embarazada no ve al bebé pero sabe que está porque patea, se alimenta y crece, así nace un sueño dentro de uno. Nos enamoramos de ese sueño antes de parirlo y sabemos que si mantenemos la visión en ese proyecto, si actuamos en pos de él, se hará realidad. Veamos entonces algunos principios que nos acompañarán en los diferentes momentos de la visión de nuestros sueños.

Para construir mi sueño, primero necesitaré verlo dentro de mí.

Cuanto más veas tu sueño cumplido con tu corazón,

> **Uno de los principios importantes de la realización de los sueños es el desafío, porque hace que no queden en meros sueños, sino que, de una forma u otra, hará que se vuelvan realidad.**
>
> **E. Emerson Calú**

más seguro es que lo veas con tus ojos físicos. El principio de la visualización, de la visión, es imprescindible. *Aquello en lo que más piensas es lo que se convertirá en realidad.* No podrás dar en el blanco si antes no ves el blanco. Necesitamos aprender a visualizar con mayor frecuencia, verlo una y otra vez, reproducir dentro de nosotros esa imagen que estamos soñando alcanzar como si fuese una diapositiva, una película. La frecuencia con que la visión esté en tu interior afirmará ese sueño que está en tu corazón.

Cuando repites lo bueno, lo bueno cobra fuerza. La gente que ha fracasado es porque no ha tenido claro su sueño.

Esa visión tiene que ser frecuente, clara e intensa. Todas las personas que han logrado sus sueños tenían en común una característica: el entusiasmo. Nunca se consiguió nada grande sin entusiasmo. De la intensidad de tu sueño, depende si lo alcanzarás o no. Cada vez que veas tu sueño, tienes que sentir la sangre que corre por tu cuerpo. Tienes que sentir que estás vivo, que lo anhelas intensamente. Si no lo ansías profundamente, ese sueño no es tan importante.

La visión no debe ser fugaz, sino duradera, como si se tratara de una película que ves hasta el final.

Visualiza con frecuencia, claramente e intensamente,
los sueños que anidan en tu corazón.

Necesitaré afirmar mi autoestima.
Delante de tu sueño, no digas: «Vamos y probemos.»

Determínate a construirlo, tu estima te llevará a no claudicar. Para tener estima no necesitas contar con la aprobación de los otros, sino saber dónde está tu foco. Si no te amas a ti mismo, nunca vas a amar a los demás.

Cuando sirves a los demás es porque te has servido a ti primero.

Cuando amas a los demás es porque te has amado primero.

Cuando respetas a los demás es porque te has respetado primero.

Determínate a ver tu sueño cumplido y lo alcanzarás.

- La gente que tiene baja autoestima, vive de la limosna afectiva de los demás. Sin embargo, ninguna caricia que reciba será suficiente para ella.

- Cuando tienes baja autoestima, hay cosas que no puedes hacer: quieres correr pero no puedes, quieres construir pero no te animas, quieres soñar pero sientes que no lo vas a lograr.

- Cuando una persona tiene baja autoestima, será promocionada de un lugar a otro.

Una persona con su autoestima sana sabe que hará funcionar las cosas que no funcionaban, no dependerá afectivamente de nadie y las obsesiones ya no tendrán lugar dentro de sus emociones.

Declara públicamente tus sueños.

Hay un poder sumamente importante en la confesión pública. Cuando una persona relata su sueño, esa persona está sembrando ese sueño y lo está afianzando. Al hacerlo, comenzará a vivir como si ya lo hubiese alcanzado.

Dime con quién andas y te diré quién eres.

Refrán popular

Rodéate de gente soñadora.

Lo semejante atrae lo semejante. No construyas tu sueño con gente indecisa e indiferente. La Ley de la asociación funciona tanto para lo bueno como para lo malo. Con incredulidad nunca se llega a ver el sueño; con fe y visión, sí.

Mejora todo aquello que llega a tus manos.

Necesitamos percibir un sentido de mejora continua. Cuando eres lo mejor en el lugar en donde te encuentras, estás calificado para pasar a tu próximo nivel, a tu próxima promoción, y para llegar a la meta.

2. VIVIENDO LO QUE AÚN NO VEO

Si tienes fe en tu propio sueño, este se hará realidad; fe es la convicción de lo que se espera. Si mantengo la visión, mi fe la hará realidad. Tenemos que pelear por nuestro sueño y decirnos a nosotros mismos: «No abandonaré mis sueños.» Quizá cuando el sueño acaba de nacer te sientes pleno de entusiasmo, pero cuando vas accionando en pos de él puede comenzar la desgana y los cuestionamientos. Es entonces cuando debes ponerte de pie delante de él y determinarte a llegar a la meta. No importa cuánto demores en llegar a conquistarlo; si actúas correctamente, tarde o temprano llegarás. *Esperanza y visión son lo mismo.* Todos los sueños afectivos, económicos, espirituales... pasan por tres fases:

- *Nacimiento*: tienes el sueño. «Voy a prosperar.»

- *Muerte*: «Nadie me ayuda.» Te echan del trabajo, te ofendes, tienes más problemas, te roban, enfermas.
- *¡Resurrección!*

¿Qué tienes que saber? Los sueños siempre pasan por esas tres fases. Uno tiene un sueño y está feliz, pero apenas quiere comenzar a realizarlo comienzan los peros de los demás. Parece que todo se cierra, que todo sale mal, y es en esta fase, cuando toda la capacidad que hemos acumulado, toda la fortaleza y toda nuestra pasión por el cumplimiento de este sueño se ponen en marcha. Es entonces cuando no podemos claudicar, cuando hay que seguir un poco más, seguir peleando, seguir hacia delante, porque allí, en medio de los contratiempos, volveremos a nacer junto a nuestro sueño.

Una creencia no es simplemente una idea que la mente posee, es una idea que posee la mente.

Robert Bolt

Tu mente tiene que estar conectada con lo que crees, con lo que has soñado.

Si has tenido la capacidad de soñar ese sueño, es porque te pertenece y solo tú puedes alcanzarlo. Ese sueño te pertenece, y, si lo has soñado, es porque está diseñado para que tú seas suficiente para derribar cualquier muro.

Frente a todos los sueños se alzan altos muros, pero tu pasión y tu fuerza interior te harán dar el gran golpe y, «de repente», llegarás a él. No sé cuánto tiempo, cuántos años hace que estás luchando por tu sueño; si actúas correctamente, llegarás a él. Todo lo que parece dolor de muerte, dolor de sufrimiento, de cansancio, es dolor para parir. Cuando parece que se ha terminado, no se ha terminado; es cuando todo empieza, solo hay que seguir peleando.

Cada día da una vuelta más, un paso más... Cada día, algo nuevo. Cada acción, por pequeña que sea, se sumará a otra, y una tras otra se hará tan grande que conquistarás tu sueño.

... Cada día haz algo más.

... Cada día camina un poco más, y, lo que hagas, hazlo en silencio. Dice un refrán: el bacalao pone mil huevos en silencio, la gallina pone un huevo y cacarea todo el día, algunos hacen una tontería y dicen «Porque yo, cuando yo...». Cuando lo hagas, no hace falta que lo prediques, todo lo que hagas será en pos de tu sueño.

No esperes que nadie te salve ni acuda en tu rescate. Todos, inconscientemente, esperamos que alguien nos auxilie, que alguien nos dé la solución que estamos esperando, que nos diga la palabra mágica para poder avanzar y alcanzar nuestro sueño. Sin embargo, necesitamos aprender a ser libres y a no esperar nada de los otros. Si viene, bienvenido sea. Si no, tienes las fuerzas necesarias para luchar por cuanto quieres alcanzar.

Debes dejar de esperar que todo sea fácil. ¿Cuántos de nosotros esperamos o creemos que las cosas van a ser fáciles y que vamos a conseguirlo sin dificultad? Sin embargo, a medida que nos involucramos más en nuestra meta, sabemos que no será así. ¿Cuánto dinero has pensado que costaría tu sueño? Pero ahora te das cuenta de que no es lo que has calculado, es mucho más que eso... ¿Cuántos enemigos has pensado que ibas a tener? Son más, siempre cuesta más.

Prepárate para lo peor y espera lo mejor. Te estarás preguntando seguramente de qué estoy hablando. Cuando una persona se prepara para lo difícil, levanta una guardia interna. Cuando vas al trabajo y un compañero te dice: «Tienes que llegar puntualmente, si no te despiden», tú levantas la guardia y todo funciona mucho más fácilmente, «te preparas para lo difícil». Pero cuando llega alguien y dice: «No, aquí no pasa nada», la persona baja la guardia.

Necesitamos liberarnos del espíritu de víctima. ¿Qué significa esto? La gente tiende a proyectar en otro lo que siente y lo que piensa. Si eres madre de muchos hijos te dirán: «¿Cuántos hijos tienes? ¿Cinco? ¡Ay, qué difícil debe de ser!» Tal vez para ti nunca fue difícil, pero ahora, como han victimizado tu función, sientes que sí lo es.

No te formules preguntas sin sentido. Por ejemplo: ¿Por qué no me han saludado?, ¿por qué me han vuelto la cara? Sé libre de los gestos, de las opiniones y de las palabras de los otros.

El hombre es libre,
tiene que ser libre.
Su primera virtud, su gran amor es la libertad.

Juan Ramón Jiménez

Nadie debe insistirte para que persigas tu sueño. Tú mismo debes motivarte cada mañana por alcanzarlo. No pongas límites a lo bueno, conquístalo, tómalo y disfrútalo. Sé el protagonista de tu sueño. Solo tú podrás liderarlo. Tus sueños son tuyos, no son de otro; no hay nada peor que vivir los sueños de los demás.

En una ocasión, después de haber cursado una carrera universitaria, un joven entregó el diploma a su padre y le dijo: «Toma, papá. Ya cumplí, pero ahora voy a hacer lo que a mí me gusta.» *Lo más importante es que los sueños tienen que ser tuyos.* El mayor regalo que podemos dar a nuestros hijos es que nos vean detrás de nuestros sueños. El mejor regalo que podemos dar a nuestros hijos es que ellos conecten con los suyos. «Instruye al niño en su camino y cuando sea mayor no se apartará.» No hay nada más grande que correr detrás de los sueños personales. Vive por tu sueño. John Maxwell escribió: «A los dieciocho me preocupaba por lo que la gente decía de mí; a los cuarenta no me preocupé por lo que la gente pensaba de mí; y a los sesenta me di cuenta de que nunca nadie había pensado en mí.»

Conecta con tu sueño y, cuando lo hagas, pase lo que pase, lo alcanzarás.

Si aún no lo has alcanzado, tranquilo, te estás entrenando para conseguirlo. En el transcurso del recorrido de nuestro sueño, aprenderemos a liderar y a ganar batallas propias, y, si somos capaces de traspasarlas, saldremos mucho más fortalecidos. Siempre habrá un tiempo que transcurrirá desde el momento en que nace nuestro sueño hasta que llegamos a él y en ese proceso estaremos siendo entrenados. No eres una opción para tu sueño, eres el único que puede llevarlo a cabo. Es tiempo de dejar atrás todos los pensamientos limitantes y soñar de acuerdo a lo que hemos visto con nuestros ojos interiores. Cuando comiences a soñar en grande y estés dispuesto a encaminar tu sueño, los recursos que necesitas vendrán a ti. Un sueño te hace ver y no te preguntará si tienes riquezas o no, un sueño te llenará de tanta energía que contagiarás a otros y querrán unirse a él. Enriquece tu corazón, lléname de creencias verdaderas y el sueño se hará realidad. Golpea, golpea, golpea y una puerta se abrirá.

No hay mejor base para un ser humano que un gran potencial.

Charles M. Schulz

23

TOLERA LA FRUSTRACIÓN

1. Tolerancia cero

Frustración es lo que se siente al encontrar una piedra en el camino. Cuando delante del objetivo aparece una dificultad, un obstáculo, surge la frustración en la persona. Todos experimentaremos en algún momento una frustración; por no obtener el trabajo que estamos esperando, por la traición de un amigo, por un no frente a un proyecto... Hay piedras de todos los colores, sabores y olores; todos vamos a ser presa en algún momento de la frustración.

El tema es cómo vamos a reaccionar frente a esas piedras. Sentirnos tristes o mal ocasionalmente en medio de una crisis es esperable y normal, pero la tolerancia cero al error o a la decepción no lo es.

Cierra los ojos y piensa en una frustración que hayas tenido, ya sea económica, espiritual, afectiva o emocional. Algo que querías alcanzar y no has alcanzado, algo que se ha truncado o un sueño que no has logrado abrazar. Re-

> Es preferible hacerlo y fracasar que la frustración de no haberlo intentado.
>
> Anónimo

cuerda qué has sentido frente a esa frustración. Todos alguna vez hemos tenido una frustración al no alcanzar una meta, un sueño, y cuando no lo conseguimos nos sentimos frustrados, y entonces, de inmediato, reaccionamos de dos maneras diferentes:

- **Enojo**. El enojo te hace gritar, golpear, insultar o hasta matar. Este enfado muchas veces puede ser también con uno mismo: «¡Qué tonto he sido!, ¿cómo no me di cuenta antes?»
- **Tristeza.** Aparece cuando la persona siente melancolía, resignación y dice: «Bueno, es lo que a mí me ha tocado» o «¡qué le vamos a hacer!», tras lo cual su vida entra en un proceso de aislamiento, introversión y tristeza.

Puedes enojarte, llorar, ofuscarte contigo mismo, amargarte, llenarte de rabia. Puedes decir: «Todo me pasa a mí.» Puedes patear y llorar, o bien caminar sobre piedras y llegar finalmente al destino que te has propuesto.

Todos tenemos un *nivel de tolerancia a la frustración*; mientras que algunos, frente a un detalle inesperado, sienten que ya han fracasado y que nada sirve, existen muchas otras personas que a diario tienen la capacidad de sobreponerse y darle la vuelta al tema para encontrar una solución posible, lo cual dependerá del nivel de fortaleza interna que esta persona tenga. Este nivel de fortaleza está íntimamente ligado a nuestros primeros años de vida.

Si las palabras de quienes nos cuidaban fueron de descalificación y descrédito, esta opinión quedará marcada a fuego en nuestro interior y tendrá una gran influencia en la forma en que aprendamos a relacionarnos con los demás y con las situaciones.

Es muy frecuente que la persona que comete un error y es duramente juzgada, piense que ella misma es un error, cuando, en realidad, solo cometió un error y no tiene que ver con quién es.

Hay personas que, al no haber alcanzado el objetivo en el tiempo en el que se lo habían propuesto, inmediatamente se enojan y renuncian al proyecto. Si bien es normal tener emociones encontradas frente a la frustración, no podemos permitirnos aislarnos, deprimirnos e introducirnos en un nivel de angustia que nos conduzca directamente a la depresión.

En estos tiempos, la gente tiene tolerancia cero a todo; al error, al fracaso, al «no» de los demás. Frente a ello, reaccionan decepcionándose, lo que activa una inseguridad mayor en el área de los afectos de la persona. Algunos se vuelven reaccionarios, y, por miedo a ser lastimados o a seguir decepcionándose, prefieren ser ellos los que respondan con ira. Si los miras a los ojos te dicen:«¿Qué miras, qué pasa?»

El hecho aquí es que cuando uno no tiene tolerancia a la frustración —no tiene fuerza interna—, sea cual fuere el conflicto, no tiene tolerancia a la crisis que hay que atravesar. Necesitamos crecer en medio del dolor, en medio de la frustración. El dolor no tiene sentido, el dolor tiene que ser expresado.

Cuando una persona se pregunta «¿por qué me pasó a mí?», esta respuesta nadie nos la puede dar, el dolor está para ser expresado.

¿Por qué cuando uno pierde un ser querido grita? Porque las palabras no alcanzan para expresar toda esa tristeza, es entonces que se recurre al llanto, al grito y al silencio, para tratar de expresar ese dolor. ¿Cuánto dura esa expresión de dolor? No lo sabemos, algunos dicen dos años, un año, no hay un tiempo estipulado, lo que tenemos que saber es que el dolor hay que expresarlo y sacarlo de dentro. Si yo no expreso ese dolor, me acompañará toda la vida. Cuando hay una emoción fuerte, enojo, tristeza, miedo, debemos esperar que transcurra; no debemos tomar decisiones, no debemos hacer nada, no debemos hablar, porque cuando estemos tristes, por ejemplo, hablaremos tristeza.

> **Todos nuestros sueños pueden convertirse en realidad si tenemos el coraje de perseguirlos.**
>
> **Walt Disney**

Todas las emociones son pasajeras y no pueden controlarse con la voluntad, porque se crearon para ser sentidas.

No puedo manejar mis emociones, pero sí actuar para generar otras emociones positivas y experimentar lo nuevo.

Si estamos tristes, no sirve repetir: «No estoy triste, no estoy triste.» Debemos controlar nuestras acciones y crear algo positivo; lo positivo siempre vence a lo negativo. Por eso es tan importante poder expresar el dolor que nos causa una frustración, porque, una vez que lo hayamos superado, nos despertaremos nuevamente a lo importante.

Una vez que superemos la frustración dejaremos de preocuparnos por cosas sin valor, sin importancia, y comenzaremos a invertir en los hechos profundos e importantes de la vida.

Quizá sentimos que no todos fueron justos, que no éramos merecedores de lo que nos sucedió, pero desde esta nueva posición podemos hacer algo nuevo, tomar de la mano nuestro sueño nuevamente.

No podemos solucionar lo que pasó, pero sí hacer que pasen cosas nuevas. Tomemos el sueño de la mano y ocurrirá lo positivo.

Cuando tu fuerza interior está fortalecida, no importa la dificultad; tu convicción y tu seguridad interna te harán entrar donde nadie se anima.

Una vez fortalecidos, tendremos que volver a todos esos lugares de los cuales huimos por miedo a frustrarnos, y allí podremos volver a comenzar lo que nunca empezamos o lo que no nos animamos a terminar.

Seguramente nos encontraremos con aguas amargas, pero no nos van a amargar a nosotros. Una vez que toleres la frustración, estarás listo para liberar todo tu potencial. Desde esta posición, estarás siendo entrenado para poder vencer cualquier imposible; la excusa ya no formará parte de tu lenguaje.

2. Dale una vuelta de tuerca

Sin entrenamiento hacemos tonterías, sin entrenamiento nos frustramos. ¡Entrenamiento!

¿Quieres jugar en primera división? Si tu respuesta es sí, entonces tendrás que entrenarte en la escuela de los grandes.

¿Te animas a abandonar la queja? Seguramente te preguntarás: «¿Y cómo lo hago para no quejarme más?» La respuesta es sencilla; recuerda tu último logro, tu último triunfo.

Érase un niño que leía un libro sobre historias de héroes

pero empezaba por el final. «¿Por qué lees el final?», le preguntaba su madre. «Para saber que termina bien; entonces, cuando lo empiezo a leer y veo todo lo que le pasa al héroe, no me preocupo, porque ya sé cómo termina.»

Si pudiste ganar en esa oportunidad, también lo harás frente a los desafíos que tengas por delante. No pierdas los años, no te olvides de tu última victoria. Recordemos que la frustración es parte de la vida, que no todo lo que queremos es lo que en realidad necesitamos, y no todo lo que necesitamos muchas veces lo alcanzamos en el momento que nosotros queremos.

Cuando tienes un problema y no lo logras resolver, lo que debes hacer es cambiar la definición del problema; eso se llama *redefinir*.

Redefinir significa que un problema siempre se puede abordar desde muchos puntos de vista.

Cuando uno está sometido a pensamientos recurrentes, piensa: «Este problema es así, se llama así y punto.» Pero si cambias la perspectiva, te darás cuenta de que el mismo problema se puede observar desde otro ángulo.

Cuando Don Watson dirigía IBM, uno de los gerentes cometió un enorme error que costó diez millones de dólares a la compañía. Al entrar en el despacho de Watson, el gerente dijo: «Supongo que estoy despedido.» Y Watson respondió: «¿En serio? ¿No le parece que es su mejor momento? Acabamos de invertir diez millones de dólares en su educación.»

Todo es según lo ves.

Si aprendemos a analizar la situación desde otro ángulo, aprenderemos ver a la frustración de una manera creativa, y no solo eso, sino que sacaremos provecho de ella. Enójate con la frustración y sácale provecho, tolérala por un tiempo. El enojo es una fuerza interior que debemos aprender a redireccionar. Las piedras seguirán estando en el camino, pero una vez fortalecido superarás la frustración y llegarás a ver el sueño cumplido.

El nivel de tu sueño será el nivel de tu esfuerzo,
de los amigos y de los enemigos que tendrás, de las críticas.

Redirecciona tu enojo y comienza a edificar un nuevo proyecto. Quiero decirte que la frustración es parte de la vida.

¿Qué puedo hacer entonces para tener alta tolerancia?

Sé libre de la gente y podrás servir a la gente.
Cuida, da, ama a todos los que puedas,
pero no esperes nada de nadie.

24

LLENA TU VIDA DE SUEÑOS

1. Deseo o realidad

> **Vivir sus deseos, agotarlos en la vida, es el destino de toda existencia.**
>
> **Henry Miller**

Una vida sin deseos es una vida no vivida. Cuando una persona no tiene deseos, el futuro será muy difícil de vislumbrar, dado que la vida funciona sobre la base de las aspiraciones.

En estos tiempos observamos gente de quince, veinte, treinta años sin deseos, chicos que tienen lo que se llama en psicología, «depresión blanca». Eso significa no tener deseos por nada: si consiguen trabajo, no les impacta; si se enamoran, esa relación no cobra importancia, como tampoco si la pierden. Con la misma gestualidad se expresan todas las emociones —alegría, dolor, tristeza o angustia—, y caminan por la vida como si estuviesen adormecidos. El hecho es que estas personas, ellos mismos o su entorno se han encargado de matar sistemáticamente todos sus sueños y sus deseos.

O, por el contrario, han llenado ese espacio con falsos deseos. Son personas que anhelan alcanzar muchas cosas, pero, en el momento en que lo consiguen, se dicen: «En realidad esto no es tan importante para mí como pensaba» o «Me he dado cuenta de que me dediqué a conseguirlo y eso tampoco ha llenado mi vida».

Se trata de deseos no legítimos que «parecen» buenos, pero que, al alcanzarlos, nos damos cuenta de que no encierran el valor que habíamos pensado que tenían.

Los falsos deseos, cuando se alcanzan,
no llenan el corazón.

Árbol de vida es el deseo cumplido.
Libro de Proverbios

Cada vez que alcances un deseo, tendrás la sensación de haber realizado algo sumamente importante y dirás: «He logrado este deseo de mi corazón», ya sea afectivo, financiero o personal. Cada vez que alcances un deseo, por más pequeño que sea, sentirás una satisfacción muy grande que te impulsará a ir por más sueños.

El hecho es que todos los seres humanos podemos tener sueños y deseos. *¿Cómo activar entonces nuestros buenos deseos?*

- *Volviendo a ejercer el control de mi vida. Nadie puede tener el control de nuestras emociones, excepto nosotros mismos.*
- *Nadie puede llenar nuestra mente de negativismos, excepto nosotros mismos.*
- *Nadie puede volverme negativo, excepto yo.*
- *Nadie puede bloquear en su totalidad mis acciones, excepto yo.*

Nadie excepto tú posee el control de tus emociones. Y si alguien quiere ponerte un techo, coge una escalera, sube por ella y alcanza tu deseo. Muchos deciden vivir dándose excusas: «El otro no me permite alcanzar mis deseos», «Son mis hijos», «Es que nadie reconoce mi trabajo». Sin embargo, esto no es así: es más fácil vivir siendo esclavos de los demás que aprender a vivir en libertad, a hacernos cargo de nuestra vida.

- *Franklin Roosevelt era paralítico y fue presidente de Estados Unidos.*
- *Hellen Keller era sorda y ciega y fue una gran escritora.*
- *Charles Goodyear estaba en la cárcel e inventó el neumático.*

Estas celebridades y muchas personas anónimas han superado todos los niveles de deseos existentes y han alcanzado el último escalón, en el cual no existen los imposibles.

> Si no quieres ver frustrados tus deseos, jamás desees más que aquello que solo de ti depende.
>
> Epicteto

2. Niveles de deseo

Veamos, entonces, en qué nivel de deseo estamos viviendo.

Nivel básico: es el nivel del que pide y al cabo de un tiempo se le apaga el deseo. Es el nivel básico de pedir.

Segundo nivel: es el nivel en que se desea un poco más, pero, al primer inconveniente, el deseo pierde fuerzas y se desvanece.

Tercer nivel: es el nivel en que se desea ansiosamente. Es el nivel de la persona que está entusiasmada con su deseo, lo piensa y actúa, pero cuando aparecen los problemas y siente que no puede resolverlos, el deseo se apaga y se frustra.

Cuarto nivel: en este nivel desea sobremanera, con una pasión, con intensidad que no decrece, que nadie borra, indeleble. En este nivel, no importan los «no» que coleccionemos, siempre habrá un «sí» para alcanzar lo que nos hemos propuesto.

¿Con qué nivel te has identificado? ¿Dónde estás situado? Los que han llegado al cuarto nivel demuestran el escrito que dice: «Para el que cree, todo es posible.» Ellos saben que toda batalla se gana primero en la mente y luego en el campo de batalla. *Todas las luchas son ganadas o perdidas en la mente.*

Las batallas se ganan primero en la habitación privada de la mente.

...Cuando te ha ido mal, ya te había ido mal a solas con tu mente.

...Cuando tu mente está tranquila, tu batalla será tranquila. *Todo radica en la mentalidad.*

Para que cada deseo que emana de tu corazón se cumpla, necesitas:

- **Dejar atrás cualquier situación de dolor para entrar en el nivel de la declaración, el de expresar todo lo que queremos que nos suceda.** Cuando estés listo para pasar de la emoción a la declaración, estarás listo para ganar la batalla de tu mente. En la declaración ya no hay desilusión, pesimismo ni desgana, sino compromiso con uno mismo, pasión y voluntad de ver lo que nos hemos prometido alcanzar.

- **Unirte en sinergia con el otro.** ¿Quién te toma de la mano? No te puede tomar de la mano cualquiera. Solo permítele hacerlo a la gente que ya ha llegado a lo que tú quieres llegar. Júntate con personas que sueñen como tú.

- **Pasar de la declaración a la acción.** Hay un momento en que tienes que arrojar flechas que determinan tu éxito. No te detengas hasta el final, persevera en la acción hasta alcanzar lo que te has prometido a ti mismo.
  Acción es no esperar que el botín venga; es salir a tomarlo; sé proactivo, arma un plan de negocio, no te quedes quieto.
  No esperes el momento ideal. El momento ideal lo determinarás con tus acciones. Muévete con agilidad, sé veloz, que no es lo mismo que vivir ansioso por alcanzar ese deseo.

3. Deseos cumplidos

Diferencia entre ansiedad, velocidad y prisa:

- *Ansiedad* es ir hacia algo negativo.
- *Velocidad* es saber que vas hacia la meta, al sueño que está dentro de ti.
- *Prisa* es lo que lleva a la gente a cualquier lado.

Tienes que ser una persona de velocidad, no de prisa, porque el apresurado no sabe adonde va. El ansioso va a lo

> El movimiento veloz que agita el mundo no se oye sino andando.
>
> Felicité de Lamennais

negativo; en cambio, la gente veloz llega a ver su deseo cumplido.

Guy Greski es el mejor jugador de *hockey* del mundo. Un día le preguntaron: «¿Por qué es usted el mejor jugador de *hockey* del mundo?» Su respuesta fue: «Casi todos patinan hacia donde está el disco, pero yo patino hacia donde el disco va a estar.»

Muévete hacia donde va a estar tu sueño, no esperes que esté de repente o que alguien te lo alcance. Sé un hombre, una mujer de acción y no de impulsividad; no seas un loco que lo hace todo por impulso, sino una persona que se mueve con sabiduría, firmeza y convicción.

Pasar de la acción a la pasión. Determina tu nivel de éxito, sé constante. Mantén tu convicción a lo largo del tiempo.

¿Cuándo? Hoy, mañana, la semana que viene, si sigo creyendo constantemente, en algún momento tendré mi deseo cumplido. Seamos constantes en lo que creemos y esperamos.

Cuando la meta es «ser grande», buscar aplausos, posición, reconocimiento, serás un esclavo de la gente que te manipulará porque habrás errado el objetivo; no vivas solo por un título, realiza y lleva a cabo el objetivo por el cual has nacido.

No busques reconocimiento, cumple tu meta y alcanzarás tu sueño. Y cuando persigas tu sueño, la grandeza te encontrará, el aplauso aparecerá, te darán el amor porque no has buscado grandeza. Como tu meta no es el aplauso sino realizar el sueño que está en tu corazón, eres grande y estarás listo también para servir a los demás.

Has nacido para hacer y alcanzar algo específico que solo tú podrás hacer y alcanzar.

Cuando tengas un sueño específico, medible, concreto, claro, tu vida comenzará a expandirse. Nada cambiará hasta que no empieces a soñar y te comprometas con el deseo de tu corazón y con tu sueño. Cásate con ese deseo que te quema y que te apasiona tomarlo, sé uno con él, no puedes ser solo un amigo-novio de tu deseo, de tu anhelo, de tu proyecto, de tu pasión.

Los caminos para llegar pueden cambiar, pero el sueño no se negocia. Imagínalo cumplido, contémplalo y comienza a festejar anticipadamente; todo lo que celebres en tu presente, si te comprometes, lo recibirás multiplicado en tu futuro.

25

EJERCITA HÁBITOS Y PASOS EXITOSOS

1. TODOS LOS DÍAS, A LA MISMA HORA Y EN EL MISMO CANAL

El ser humano fue creado para alcanzar el éxito en todas las áreas de su vida, en sus emociones, en su economía, en su salud. Nada puede afectar esta creación porque fuimos diseñados para alcanzar todo lo que nos propongamos.

Sin embargo, muchas personas, si bien saben lo que tienen que hacer, no lo aplican; conocen el modo de actuar que funciona, pero no lo ejercitan. Algunos obtienen los resultados que esperan, un tiempo sí, un tiempo no. Un año avanzan un paso hacia delante y al otro retroceden tres.

Hay quienes nunca alcanzan los resultados propuestos, mientras que otros aplican a rajatabla aquellos hábitos que los llevarán al éxito.

> **Siempre sueña y apunta a algo más de lo que sabes que puedes avanzar.**
>
> **William Faulkner**

Existen leyes y hábitos que tendrás que desarrollar si tu deseo es ver tus sueños cumplidos, tu meta alcanzada y no conformarte con menos de lo que tu naturaleza te ha preparado para que desarrollaras.

Tener el hábito de atender lo valioso

Tu atención tiene que estar puesta en lo valioso, en lo importante y en lo grande; no en lo pequeño y superficial. Donde pones tu atención, estará tu éxito. Tu foco debe estar en todo momento en las cosas grandes que te has propuesto conquistar. Si mantienes la atención en las cosas grandes, importantes y valiosas, todo tu ser se llenará de tanta fe, de tanta pasión y energía que cuando lo hayas logrado tus fuerzas se multiplicarán aún más para llegar hacia lo que está por delante.

Si mantengo la atención en cosas grandes,
siempre me mantendré joven.

Si aprendemos a aplicar esta ley, sembraremos resultados extraordinarios. No te detengas a mirar los resultados y los éxitos de los otros, tu potencial te permite ser un exitoso también a ti. Tu foco debe estar dirigido hacia lo grande y lo importante. Cuando estás atento a ello, no te perderás en discusiones ni malgastarás el tiempo con opinólogos, sino que estarás directamente comunicado y atento a lo importante.

Nadie detiene a un hombre inspirado. «Inspirado» quiere decir que algo entró en su espíritu, un sueño, y nadie podrá detenerlo. Quizás estés pensando: «¡Oh! Si supieras cuántas veces fracasé...», pero el fracaso no puede frenarte, no importa. La fórmula es: *Fracaso + fracaso + fracaso = éxito.*

¿Te has equivocado? No importa, siempre podemos volver a levantarnos, reparar el error y alcanzar el éxito.

> **Un hombre que no se alimenta de sus sueños envejece pronto.**
>
> **William Shakespeare**

Un antiguo mentor me dijo algo que me impactó: «El fracaso es matemáticas.» Si alguien dedicado a la venta llama a veinte personas y solo le compra una, se desanima. El fracaso es matemáticas, si has llamado a veinte y te ha comprado uno tienes que saber que de cada veinte uno solo te comprará, por lo que tendrás que hablarle a cuarenta, sesenta, ochenta o cien personas. Y cada vez que alguien te diga que no, has de saber que es uno de los diecinueve que se negarán a comprarte, pero de cada veinte, uno dirá que sí.

Si te ha ido mal, es una cuestión de estadística, sigue adelante, porque al final habrá uno que te dirá que sí.

Usar los tesoros de mi pasado

Piensa en una victoria que has logrado, en cómo te comportaste, cómo hablaste, cómo caminabas, cómo te fuiste...

Un autor decía que hay gente que, cuando va a un lugar, no alcanza el éxito porque con su cuerpo expresa una cosa, pero con sus palabras dice otra. Es por eso que, cuando te encuentres en una situación difícil, recuerda un éxito de tu pasado e incorpóralo en tu mente, y, aunque frente a esta situación estés temeroso, recuerda cómo has actuado anteriormente. Vuelve a recuperar ese logro de tu historia y convierte esta actitud en un hábito de vida.

Autoafirmarse

Necesitamos aprender a autoafirmarnos a nosotros mismos. Cada día determínate a hablar bien de ti mismo y conviértelo en un hábito permanente en tu vida.

Nos ocurre que tendemos a la rebaja automáticamente:

> **Quizás el camino más directo para conquistar la fama sea afirmar con seguridad y pertinencia y, por cuantos medios sea posible, el haberla conquistado.**
>
> **Giacomo Leopardi**

«No fue nada», «Estudié como otro montón de gente», «Sí, hice un curso de informática, nada especial», «Y me fue bien, porque tuve suerte, se me dio», «Mis notas no eran malas». Todo ello en vez de decir: «Mis notas eran buenas y me lo merezco porque lo di todo de mí.»

Leí que el pino soporta un rayo que tiene el potencial energético para encender durante cinco minutos todas las luces de Nueva York. Si el rayo cae sobre el pino, lo quema, pero este vuelve a surgir porque el poder está en sus raíces; mucho peor es la polilla, porque esta lo destruye.

Hay gente que, como el pino, soporta cualquier prueba, pero tiene la polilla de la autorrebaja. Y, en la mayoría de los casos, se es así por la forma en que se nos ha educado.

A la mujer se la ha criado para no llamar la atención, ya que se considera que la que llama la atención es alocada; en cambio, al varón se lo educa para exponer sus logros.

Muchas mujeres no saben cuidarse a sí mismas, de pequeñas se les enseña a cuidar a los otros, al hermanito, a una abuela enferma, a sus muñecas, pero no a sí mismas. Están preparadas para defender los derechos de los otros, pero no los propios. *Aprende a autoafirmarte; esto no quiere decir que comiences a maltratar a los demás, sino que quiere decir «hablar bien de ti mismo». Si no te afirmas, nadie lo hará por ti.*

Jamás detener el crecimiento

Tienes que hacer del crecimiento un hábito. *Aprende más. Donde hoy llegaste no lo es todo, hay más para ti.*

Cuando alguien te ofende, tienes que darle gracias a

Dios porque, si te ofendiste, es porque te tocaron tu talón de Aquiles, una herida que no ha sanado y que te desvía del objetivo. Si de pequeño fuiste lastimado, se habrá generado dentro de ti un pensamiento: «Esto no me va a pasar nunca más.» Entonces, cuando alguien te hace lo mismo que has sufrido, te enojas porque creías que no te iba a volver a pasar. Por eso, necesitamos tiempo para sanar todo nuestro interior. Concéntrate en qué te ha dolido y en sanar todo lo que no te permite seguir creciendo.

¡Nada sienta mejor al cuerpo que el crecimiento del espíritu!

Anónimo

Estoy seguro de que llegará un momento en el que nadie podrá lastimarte nunca más. Caminaremos sin talones de Aquiles y con una estima tan alta que, aunque nos insulten, nos griten o nos persigan, andaremos sin desenfocarnos de nuestra meta.

¡Tu sueño no está en venta!

2. PISANDO FIRME

Y si bien hay leyes que debemos cumplir, también hay hábitos que, cada día, necesitamos estar dispuestos a implementar para poder cambiar nuestra mentalidad y llegar sí o sí a nuestro sueño y a nuestro éxito.

¿Qué es un hábito? Según el diccionario: «Costumbre o práctica adquirida por frecuencia de repetición de un acto. Destreza que se adquiere por el ejercicio repetido.»

Todo esfuerzo es un éxito.

A. Bessieres

- *Confiesa fe siempre:* habla de tu meta. La palabra es la expresión de un pensamiento. El futuro está en tu boca y lo que declares será lo que recibas. No importa dónde estés hoy; si expresas lo correcto, todo te saldrá bien.

- *Valora tus logros:* valora lo que has logrado, festéjalo, celébralo. No importa que sea pequeño, tu logro es el punto de contacto para alcanzar un logro mayor.

- ***Aléjate de la gente equivocada y acércate a la correcta:*** sé proactivo y no reactivo. Aléjate de la gente incorrecta que alimenta tu debilidad, de aquellos que no aprecian tu pasión, de quienes no se alegran de tu alegría y de tu sueño. Aléjate de los que sutilmente te quieren manipular y ponen en duda tus objetivos, de los negativos y cuestionadores. La gente difícil es el mejor aprendizaje. La gente difícil te enseñará a sacar lo mejor de ti; ellos son el mejor entrenamiento.
  ¿Alguna vez has hablado con una persona mal de otra y ella se lo ha contado? Con este hecho, has aprendido a no hablar mal de nadie y eso te traerá éxito.
  Sé humilde y aprende de las maldades de los otros. Muchos fuimos criados como dentro de un cristal y pensamos que la gente es buena.
  En una ocasión compré un libro titulado *La estrategia de las ratas. Cómo sobrevivir en su empresa y destruir a todos,* en que leí lo siguiente:

  - Olfatee los miedos de sus oponentes y, cuando no lo esperen, atáquelos.
  - Cree culpas, sea meloso, haga llorar, dé lastima, es la mejor manera de manipular.

- Triangule lo más posible, cree problemas a la gente, lleve y traiga, haga que los demás se peleen y usted quede como la víctima.
- Finja ser un amigo y sea un espía, reúna información, y, cuando descubra el punto débil del otro péguele hasta matarlo.

Aprendamos de la maldad para no practicarla o recibiremos lo mismo. Aprendamos a poner límite a lo malo y no permitamos que las injusticias nos lleguen. Aprendamos de los errores de los demás. *El inteligente aprende de sus errores, pero el sabio aprende de los errores de los demás.*

Camina en libertad y acércate a la gente correcta para mejorar. Muchas veces admiramos a los que lograron algo, pero la admiración no te cambia; en cambio, la inspiración, sí. Inspírate en el que ha logrado más que tú. Júntate con los grandes.

- ***Libera tu potencial cada día:*** hay una segunda montaña por alcanzar, un límite más lejano, una extensión más vasta a la que ir.

Y así es, para alcanzar el éxito, el gran desafío consiste en cambiar de mentalidad.

Planifica el futuro pero disfruta el hoy. Rompe con todos los esquemas y pensamientos que te limitan.

Habilidades, ideas, conexiones, fe, fuerzas, inteligencia, todo está dentro de ti.

Un niño insufla vida a las cosas; cuando éramos chicos, dábamos vida a los juguetes, y ahora, adultos, cuando nos llega un problema tenemos que elegir si insuflaremos vida o frustración, desgana y abandono.

> Aunque la ambición sea en sí misma un vicio, a menudo es causa de virtudes.
>
> Marco Fabio Quintiliano

Elige ir a por el premio. Ninguna persona tiene autoridad en tu vida, porque nadie puede darte nada.

Sé un hombre o una mujer ambicioso. La gente de éxito tiene ambición de ir a por más cada día. Si alguien quiere castrar tu vida, te enseñará a vivir sin anhelos, sin sueños y sin ambición.

Por eso, si quieres ser un hombre o una mujer de hábitos y de pasos hacia el éxito:

- *Practica lo que mejor sabes hacer y perfecciónate.* Perfecciona la habilidad que te va a promover a un nuevo nivel. Practica tus dones para ser el mejor.
- *Sé valiente.* Si quieres ser promovido, tiene que haber valor en tu vida, no miedo. Hay que ser valiente para creer que el futuro que llegará a tu vida será extraordinario. Hay que ser valiente para saber que todo lo que hagamos nos saldrá bien.
- *Sé vigoroso, lleno de alegría.* Cuanta más energía gasto en lo que me gusta, más energía tengo, y cuanta más energía tengo, más energía invierto en lo que me gusta y ¡más energía tengo! Pero si yo gasto la energía en discusiones, en pensamientos, en preocupaciones... perderé el vigor.
- *Sé prudente en tus palabras al expresarte.* Aprendamos a expresarnos. Ser prudentes es saber cuándo hay que hablar, cuando hay que callar. Saber expresarse significa saber analizar la atmósfera y moverse de acuerdo a ella.
- *Conserva una buena presencia.* La imagen exterior debe ser igual a la imagen interior.

Si somos coherentes en nuestro actuar diario, en nuestra imagen, en nuestros movimientos, en nuestras palabras y en nuestros pensamientos, no habrá motivos para no ser una persona exitosa y habilidosa. Solo es cuestión de dejar de hacer lo que no nos trae resultados para incorporar nuevos hábitos que nos acercarán a nuestra cima.

26

CONSTRUYE TU FELICIDAD

1. SOY MUY FELIZ

Todos queremos ser felices, y todo lo que hacemos es para ser más felices. La felicidad es la búsqueda central de nuestras vidas. El único objetivo que tiene el ser humano es ser feliz. Todo lo que el ser humano hace, busca, estudia, realiza, piensa, decide siempre está dirigido a ser feliz.

Si preguntamos: «¿Por qué te gusta estudiar, viajar, tener más dinero, comprarte una casa, tener una profesión?» Cada respuesta tendrá un motivo.

Ser feliz forma parte de nuestra naturaleza humana. *Estamos diseñados para ser felices.* Todo lo que los seres humanos hacemos es para ser más felices, este es un sello que está en nuestros genes. Muchas veces no somos felices y es porque estamos ocupados tratando de serlo con las cosas equivocadas.

> **Felicidad es hacer lo que me permita disfrutar hoy pero que también sirva para mañana.**
>
> **Anónimo**

- Felicidad es hacer lo que te permita disfrutar hoy, pero que también te sirva para mañana.
- Felicidad es un estado que tienes que alcanzar en tu vida. No es un don, sino una meta que debes luchar para conquistar.
- Felicidad no es algo que viene y golpea a tu puerta y llega a tu corazón. Es un monte que tienes que escalar y conquistar.

A ser feliz se aprende, y esto se consigue mediante hábitos cotidianos que nos hagan cada día un poco más felices. *Si algo sucede en tu vida, es por ti.*

Una persona feliz sabe decretar sobre su vida lo que está esperando que le pase, pero sin sobrevalorar todo lo que aún no tiene. El término inglés *overrating* significa «sobrevalorar», y hay muchas personas que sobrevaloran el concepto de felicidad. Piensan que serán felices cuando tengan un determinado trabajo, cuando su pareja haga tal o cual cosa, cuando los hijos sean buenos estudiantes, cuando una amiga les diga algo, cuando un jefe los felicite, cuando tengan una casa, cuando se compren un coche nuevo... Serán felices poniendo la felicidad en el objeto o en la persona o en la acción que aún no ha llegado a su vida.

Cuando viaje..., cuando me digan... No se dan cuenta de que el crecimiento comienza cuando el ser humano es capaz de construir su propia felicidad cada mañana. Para ser capaces de disfrutar lo que hoy tenemos, solo debemos proponérnoslo. Cuando seamos capaces de no ser poseídos por lo que deseamos poseer, comenzaremos a comprender el concepto de felicidad.

Al saber valorar nuestro presente y poner todas nuestras energías en el actuar diario, no nos encontraremos con la sorpresa de decir: «¿Esto era?» o «¿Esto se siente?», «¿Por esto me angustié, lloré, me quejé de la vida y de mi entorno?»

Una persona construye la felicidad cuando sabe que su estado interior no depende de su entorno, sino de lo que cultiva en su interior.

Si siempre estamos dispuestos a ser felices, es inevitable serlo alguna vez.

Blaise Pascal

Las personas felices saben que el gozo y la risa las fortalecen. Cuando una persona se ríe, reduce el estrés y, a la vez produce endorfinas, la droga de la felicidad y la relajación. Al mismo tiempo, aumenta la actividad de los linfocitos T, que son las células encargadas de eliminar las eventuales células tumorales. Asimismo, liberan las vías respiratorias y combaten el insomnio.

La risa y el gozo ayudan a prevenir la hipertensión arterial y las enfermedades cardiovasculares. Necesitamos divertirnos un poco más, estar contentos. Pero, ¡atención!, a estar contento se aprende, a estar amargado se aprende, a estar feliz se aprende. Aprender a gozar de la vida a pesar de las circunstancias no es tarea fácil, pero tampoco imposible de alcanzar. Necesitamos aprender a movernos no por las circunstancias, sino con la convicción de que ese tramo amargo que nos toca atravesar es momentáneo y no permitiremos que arruine nuestra vida.

2. YO DECIDO SER FELIZ

Cuenta una historia que había un joven echando estrellas marinas al agua, devolviéndolas al mar, y se le acercó una anciana y le preguntó: «¿Por qué estás arrojando las es-

trellas?» Mira todos los miles de estrellas marinas que hay en la playa, ¿qué vas a lograr salvando algunas? Entonces, el muchacho tomó una estrella, la miró, la echó de vuelta al mar y dijo: «Con esta sí que marqué la diferencia.»

- La gente feliz sabe marcar la diferencia.

- La persona feliz sabe que no tiene que hacer de todo para alcanzar la felicidad, sino lo que fue llamado a hacer para alcanzarla.

La gente feliz está sana. No vive de su pasado, sino que vuelve a él solo para revertirlo.

Para capturar mi gran momento debo estar sano. Mucha gente que está enferma ha logrado grandes cosas, pero no ha podido disfrutar de ellas.

Salomón dijo: «Hay gente que tiene de todo y no lo puede disfrutar.» Es por ello que estar sano interiormente es el requisito indispensable para ser una persona feliz. Para estar sano es necesario hacer ciertas cosas.

- **Sanar los recuerdos tristes**. Cada vez que la vida te cierra una puerta, hay otra preparada que te está esperando para ser abierta. Todas las puertas pueden estar abiertas delante de nosotros, pero solo podremos verlas si estamos sanos. Si no cerramos las puertas viejas, no podremos traspasar las nuevas. ¿A qué llamamos puertas viejas? A los rencores, a seguir recordando aquella crítica que levantaron contra ti, a las situaciones del pasado no resueltas y a todo recuerdo negativo que no te permita capturar tu futuro.

  Toda persona «tóxica» que sigue dando vueltas en tu

mente, toda carga emocional que genera rabia, es una puerta abierta vieja, y, si permanentemente estás pensando en una situación que pasó, esa es una puerta vieja. Cerrar el pasado es abrir el presente y el futuro. *«Si cierro mi pasado, abro mi presente...»*

- **Perdonar**. ¿Cómo podemos perdonar? Piensa por un momento si en alguna oportunidad alguien te lastimó y, sin querer, tú también lo heriste. Si recuerdas que esa persona no actuó contigo como tú lo esperabas, ha llegado el momento de que tú sí lo hagas.
  Perdonar es soltar las amarras de un barco y dejarlo al mar abierto, es escribir con letras grandes CANCELADO, es girar la llave, abrir la puerta de la celda y romper una vasija de odios en miles de pedazos de manera que nunca más pueda ser reconstruida.

Las puertas viejas que cierro abren puertas nuevas.

El secreto de tu éxito y de tu felicidad está escondido en la rutina diaria, en tus hábitos.
Un profesional resuelve el problema que tiene; si alguien lo lastimó, habla, perdona y sigue adelante.
La gente «profesional» abre puertas grandes. Si nos detenemos en las pequeñeces, no actuaremos como profesionales que se enfocan en lo grande, en lo trascendente. La vida se va rápido y las cosas vanas por las que nos preocupamos nos hacen perder tiempo y no nos permiten ocuparnos en lo que realmente vale la pena.

Lo que haga diariamente determinará lo que sea en el futuro.

Miles Murdock

- **Disfrutar de todo lo que tienes.** Todo lo que tenemos es para disfrutar. «Disfruta, no guardes nada, porque lo que hoy no disfrutes, lo usarán otros cuando ya no estés.» Todo está para gastar, incluso las fuerzas; felicita al que ves cansado porque ha gastado sus fuerzas. El sentimiento de culpa nos dice: «Lo guardo para una ocasión especial», pero el don de disfrutar indica: «Esta ocasión es especial.» Haz de cada ocasión algo especial y no guardes nada para mañana. Usa la mejor ropa para estar en tu casa, porque te fue dada para disfrutar.

> Los bienes son para aquellos que saben disfrutarlos.
>
> Epicuro de Samos

- **Comprender que el gozo no es algo que encuentro, sino algo que llevo dentro.** Hay gente que siempre está buscando: «¿Donde está el hombre que me hará feliz?»; «Salió el sol, qué alegría»; «Está nublado, qué tristeza». El don de disfrutar se lleva dentro. Ningún ambiente te dominará cuando liberes la capacidad de disfrutar allí donde vayas.

- **Descubrir el valor de ti mismo.** Si no disfruto de mí mismo, no podré disfrutar del resto. El «otro» no puede creer en ti más que tú mismo. Amarse es saber creer en uno mismo, es respetarse.

- **Cumplir con los deseos de tu corazón.** Tener deseos no es malo. Si quieres viajar, hazlo; si quieres perfeccionarte, no pierdas tiempo y avanza en todo aquello que te propusiste seguir. Gasta tu vida, tus fuerzas, disfruta de todo.

- **Ser sabio.** Aprendamos cuándo hay que hablar y cuándo hay que callar. No necesitas demostrarle nada a nadie.

Esta es la historia de un hombre que fue a la India y vio el palacio de un rey lleno de oro, de cuadros preciosos y diferentes tipos de ornamentos muy valiosos. El viajero se sorprendió ante la gran prosperidad que había en ese reino.

—Oh, rey, ¿cómo es que tienes tanta riqueza? En este palacio no se ve más que oro y cosas valiosas.

—Yo te voy a mostrar cuál es el secreto de mi éxito; te voy a pedir que vayas y recorras todo el palacio. Eso sí, quiero que lleves esta vela encendida, y, si cuando regresas después, al finalizar todo tu recorrido, esta vela llega apagada, te decapito.

Al hombre se le cambió el rostro, se le borró la sonrisa. Tomó la vela y entró en cada sala del palacio con gran miedo por su vida.

Al finalizar, después de varias horas, cuando llegó ante el rey, este lo abrazó y le dijo:

—Muy bien, has llegado con éxito. ¿Te ha gustado mi palacio?

—Solo he tenido ojos para mantener la llama sin que se apague.

—Ese es el secreto de mi éxito, mantener la llama encendida.

Así debes vivir, concentrado en el fuego interno para que nunca se apague. A pesar de todo lo que puedas haber vivido, sé feliz y no te ligues a nada negativo. La felicidad la construirás tú cada día con cada decisión que tomes.

Una persona feliz sabe conectarse con el otro, trabaja, ayuda y vive sabiendo que todo lo que se ha propuesto le traerá felicidad, a pesar de que en determinados momentos tenga que hacer frente a los problemas.

Una persona feliz es un hombre o una mujer que sabe que hablar es una cosa y decir es otra. Cuando una persona sabe hablar sobre su vida, es feliz. Las personas dicen «Que sea lo que Dios quiera», sin saber que Dios siempre quiere que seas feliz, el hecho es que tú lo declares para tu vida.

Una persona feliz sabe vivir al ciento por ciento, sabe dar en todo lo que hace lo mejor de sí mismo.

Una persona feliz sabe sumergirse en las aguas profundas, se equivoca pero sigue su horizonte, no acepta la mediocridad ni se conforma con menos de lo que ha determinado para su vida.

BIBLIOGRAFÍA RECOMENDADA Y UTILIZADA

AMIGUET, Luis, *Cuénteme cómo lo hizo,* Ediciones Deusto, Barcelona, 2005.

ÁVILA, Marcelo y Rubén VÁZQUEZ y FIGUEIREDO, *Alto desempeño,* Temas Grupo Editorial, Buenos Aires, 2005.

BIRLA, Madan, *FedEx cumple,* Norma, Buenos Aires, 2005.

BUQUERAS y BACH, Ignacio, *Tiempo al tiempo,* Planeta, Barcelona, 2006.

CANFIELD, Jack, Mark VICTOR HANSEN y Les HEWITT, *El poder de mantenerse enfocado,* HCI Español, Deerfield Beach (FL), 2000.

COVEY, Stephen, *El factor confianza*, Paidós Ibérica, Barcelona, 2007.

CHANDLER, Steve y Scott RICHARDSON, *100 maneras de motivar a los demás,* Kier, Buenos Aires, 2006.

CRUZ, Javier, *Creatividad más pensamiento práctico... Actitud transformadora*, Pluma y Papel, Buenos Aires, 2005.

DE LA TORRE, Saturnino, *Aprender de los errores,* Magisterio del Río de la Plata, Buenos Aires, 2004.

DE SHAZER, Steve, *Claves para la solución en terapia breve,* Paidós Ibérica, Barcelona, 2008.

DWECK, Carol S., *La actitud del éxito,* Ediciones B, Barcelona, 2007.

FISHER, Mark y Marc ALIEN, *Piensa como un millonario,* Gedisa, Barcelona, 2000.

FOSTER, Jack, *Ideación. Cómo lograr que las ideas germinen y fluyan en su entorno de trabajo,* Gestión 2000, Barcelona, 2001.

FUKUYAMA, Francis, *Confianza,* Ediciones B, Barcelona, 1998.

GAN, Federico, *101 habilidades emocionales para vivir y trabajar mejor,* Ediciones Apóstrofe, Madrid, 1998.

GARCÍA MÉNDEZ, José F., *La cultura del error,* Planeta, Barcelona, 1997.

HUDSON O'HALON, William y M. WEINER-DAVIS, *En busca de soluciones. Un nuevo enfoque en psicoterapia,* Paidós Ibérica, Barcelona, 1993.

—, *Crecer a partir de la crisis,* Paidós Ibérica, Barcelona, 2004.

HYBELS, Bill, *Dale significado a tu vida/Toma control de tu vida*, Ediciones Vida, Miami, 2008.

—, *El Dios que usted busca*, Ediciones Grupo Nelson, Nashville, 1998.

—, *La revolución de los voluntarios*, Ediciones Vida, Miami, 2006.

—, *Liderazgo audaz*, Ediciones Vida, Miami, 2003.

JEFFRESS, Robert, *Secretos de Salomón: 10 claves de los proverbios para un éxito extraordinario*, Editorial Patmos, Miami, 2005.

JENNINGS, Jason y Laurence HAUGHTON, *No es el gran-*

de quien se come al chico, es el rápido el que se come al lento, Gestión 2000, Barcelona, 2001.

KESSEL, Brent, *Cambia tu vida financiera y alcanza la verdadera felicidad,* Rayo, Nueva York, 2009.

KIYOSAKI, Robert y Sharon L. LECHTER, *Padre rico, padre pobre,* Aguilar, Madrid, 2004.

—, *Guía para invertir,* Aguilar, Madrid, 2005.

KOSLOW, Brian, *365 maneras de ser multimillonario,* Centauro, Miami, 2002.

KRIEGEL, Robert, *Tenga éxito en los negocios sin matarse en el intento,* Norma, Bogotá, 2002.

— y David BRANDT, *De las vacas sagradas se hacen las mejores hamburguesas,* Norma, Bogotá, 2003.

— y Louis PATLER, *Si no está roto, rómpalo,* Norma, Bogotá, 1994.

La Biblia. Reina Valera 1960. Editorial Vida, Miami, 1993.

MANZ, Charles C., *El poder del fracaso,* Gestión 2000, Barcelona, 2002.

MASON, John, *La imitación es limitación,* Editorial Caribe, Nashville, 2005.

MAXWELL, John C., *Lo que marca la diferencia,* Grupo Nelson, Nashville, 2006.

—, *El lado positivo del fracaso,* Editorial Caribe, Nashville, 2000.

—, *Liderazgo 101,* Editorial Caribe-Betania, Nashville, 2003.

MAYER, Jeffrey J., *El éxito es un viaje,* Gestión 2000, Barcelona, 2000.

MCGRAW, Phillip C., *Eres importante. Construye tu vida desde el interior*, Fireside Books, Shelby (NC), 2005.

MONDRÍA, Jesús, *Mejore su rendimiento,* Gestión 2000, Barcelona, 2002.

NIVEN, David, *Los 100 secretos de la gente exitosa,* Rayo, Nueva York, 2005.

PARRA DUQUE, Diego, *Mente creativa,* Norma, Bogotá, 2003.

POWELL, Barbara, *Las relaciones personales,* Urano, Barcelona, 1987.

SCHRIJVERS, Joep, *La estrategia de la rata*, Temas De Hoy, Madrid, 2005.

SCOTT, Steven K., *Pasos simples hacia sueños imposibles*, Bestseller Ediciones, Almórida, Elche, 2000.

SILBERMAN, Mel y Freda HANSBURG, *Seis estrategias para el éxito. La práctica de la inteligencia interpersonal*, Paidós Ibérica, Barcelona, 2005.

SOLER, Jaume y M. Mercè CONANGLA, *Aplícate el cuento. Relatos de ecología emocional,* Editorial Amat, Barcelona, 2004.

STAMATEAS, Alejandra, *Cuerpo de mujer, mente de niña*, Presencia Ediciones, Buenos Aires, 2005.

STAMATEAS, Bernardo, *Emociones lastimadas*, Presencia Ediciones, Buenos Aires, 2005.

—, *Libres de la gente*, Presencia Ediciones, Buenos Aires, 2006.

STONEWALL, Cecil, *El efecto suerte,* Robinbook, Barcelona, 2004.

THORPE, Scout, *Pensar como Einstein*, Norma, Bogotá, 2001.

TRACY, Brian, *Cómo lideran los mejores líderes*, Grupo Nelson, Nashville, 2011.

—, *El camino hacia la riqueza*, Grupo Nelson, Nashville, 2009.

—, *Máxima eficacia*, Empresa Activa, Barcelona, 2003.

—, *Metas*, Empresa Activa, Barcelona, 2004.

—, *Plan de vuelo*, Taller del Éxito, Sunrise (FL), 2011.

—, *21 Secretos para hacerse millonario con su propio esfuerzo,* Editorial Amat, S.L., Barcelona, 2002.

—, *Caminos hacia el progreso personal. La psicología del éxito*, Paidós Ibérica, Barcelona, 1996.

TYE, Joe, *1001 ideas para triunfar en su carrera,* Gestión 2000, Barcelona, 2003.

YARNELL, Mark y René REID YARNELL, *Su primer año en el Network Marketing,* Time & Money Network Editions, Buenos Aires, 2004.

ZELINSKI, Ernie, *Pensar a lo grande*, Paidós Ibérica, Barcelona, 2001.

—, *101 cosas que ya sabes, pero siempre olvidas,* Editorial Amat, Barcelona, 2002.

—, *El placer de no trabajar,* Gestión 2000, Barcelona, 2003.